사랑은
나에게서 너에게로 가는
길이다

어떤 바람도 없다
오직 나에게는 빛나는 공기와
파란 하늘이 있을 뿐이다

모두가 걸어간다
무엇인가를 찾아서
삶의 지도를 끝없이 그리며

밤이 내리면
하얀 밤 꿈속을
바람처럼 날아간다

정년 퇴임한 외과의사 인생 처방전

길을 걸어가고 있습니다

정년 퇴임한 외과의사 인생 처방전

길을 걸어가고 있습니다

초판 인쇄 2025년 7월 20일
초판 발행 2025년 7월 25일

지은이 김윤
펴낸이 홍철부
펴낸곳 문지사

등록 제25100-2002-000038호
주소 서울특별시 은평구 갈현로 312
전화 02)386-8451/2
팩스 02)386-8453

ISBN 978-89-8308-606-8 (03810)

값 15,500원

©2025 moonjisa Inc
Printed in Seoul Korea

*잘못 만들어진 책은 본사나 구입하신 서점에서 교환하여 드립니다.

정년 퇴임한 외과의사 인생 처방전

길을 걸어가고 있습니다

김윤 지음

문지사

| 시작하는 말 |
오늘도 길을 걷고 있습니다

길을 걸어가고 있습니다.
우리들은 자기 나름의 길을 걸어가고 있습니다.
오늘도 온종일 안식의 시간이 오기까지 많은 길을 걸었습니다.
아니, 지금도 꿈나라의 길을 걸어가려고 하고 있습니다.
사람들은 나면서부터 죽는 순간까지 길을 걸어가야 합니다.
갓 태어나서는 기어 무릎으로 걷고, 어릴 때는 부모를 따라 걷고, 자라서는 저 혼자 걷다가, 노년에는 지팡이에 의지하고서라도 걸어야 합니다.
인간의 인생살이는 길을 걷고 걷다가 그 걸음을 멈추는 때가 생의 마지막 종말이 아닌가 생각해 봅니다.
예수님은 인간의 참된 삶의 길을 가르칠 때, 이런 말로 교훈했습니다.
"좁은 문으로 들어가라. 멸망으로 인도하는 문은 크고 그 길이 넓어 그리로 들어가는 자가 많고, 생명으로 인도하는 문은 길이 좁고, 협착하여 찾는 이가 적음이니라."
넓은 길과 좁은 길, 참된 길과 거짓된 길, 영생의 길과 멸망의 길, 이런 여러 가지의 길이 우리 앞에 놓여 있습니다.

이 여러 갈래 길은 우리에게 선택되기를 기다리고 있습니다.

이 길의 선택에 따라서, 우리들의 행복과 불행이 이루어집니다. 삶의 가치란 오래 사는 데 있는 것이 아니라, 참되게 사는 데 있습니다.

짧게 살아도 우러러보는 삶이 있고, 길게 살면서 손가락질을 받는 삶도 있습니다.

우리들은 길을 걸어가야 합니다. 어제도 오늘도, 또 내일도 아무런 생각 없이 걸어갈 것이 아니라, 바른길을 찾아서 걸어가야 할 것입니다.

예수 그리스도는 무거운 십자가를 지고 골고다 언덕길을 걸어갔습니다. 이 십자가의 길은 인류를 구원하는 위대한 새역사의 문이 있습니다.

우리는 어느 길을 택해야 할까요?

'생명의 길과 사망의 길!'

나는 이 작은 책을 엮으며, 그리스도가 걸어가신 생명의 길을 떠올려 봅니다.

차 례

| 시작하는 말 | 오늘도 길을 걷고 있습니다 4
히포크라테스 선서 10
제네바 선언 현대의 '히포크라테스 선서' 14
제네바 선언 2017 15

제1부
평범한 외과의사의 지난날

르완다(Rwanda)와의 인연 18 • 외과의로 걸어온 디딤돌 22 • 외과의사라는 외로운 직업 24 • AI시대의 의사 역할 26 • 의사로서 후배들에게 하고 싶은 이야기 28 • WELL 이야기 30

제2부

진료실에 핀 이야기들

수술하고 싶다고 찾아온 여인 34 • 비장파열 37 • 심장 마사지 사건 41 • 급성 화농성 담낭염 수술 44 • 맹장 수술을 두 번 받은 환자 47 • 복강경 시술과 복부대동맥 파열 50 • 방앗간 피대 52 • 농흉 환자 이야기 54 • 공사장에서 추락 58 • 복막 절개 60 • 관상동맥 우회로 조성 62 • 자연유산 맨손으로 처치 64 • 피부이식을 한 소년 피엘Pier 66 • 경운기 소년 69 • 선천성 대장 용종(total colectomy) 71 • 몽골 윤○○ 선생 73 • 평양 제2 인민병원에서의 아픈 기억 75

제3부

내 삶에 모닥불을 피우며

한 알의 씨앗은 창조자 80 • 삶의 발걸음 82 • 봄은 부활의 계절 84 • 꽃의 마음 86 • 다시 걷고 싶은 산길 88 • 앞산 소나무 90 • 닫힌 마음 열린 마음 92 • 한쪽 문이 닫히면 다른 쪽 문이 열린다 94 • 자부심은 인생의 평균대 96 • 혀는 마음의 붓, 말은 인격의 그림 98 • 책과의 대화 100 • '썼다. 사랑했다. 살았다' 102 • 정거장이 없는 시간 104 • 고독으로 둥지를 짓는 독수리 106 • 과거와 미래의 텃밭을 가꾸는 사람 108 • 성격은 운명의 어머니, 운명은 성격의 아들 110 • 재물과 바닷물은 갈증의 물 112 • 나를 다스리는 말 114 • 소금의 지혜 115 • 백 세 어머니가 부르는 자장가 116 • 땀과 기도 118 • 행복의 모습 120 • 낙엽 인생 122 • 희망의 등불을 켤 때 성공의 모습이 나타난다 124 • 실패로 피는 성공이란 꽃 126 • 성공의 묘석墓石을 세우자 128 • 죽음의 미학美學 130 • 철학은 죽음을 연습하는 학문 132 • 내 인생의 자서전을 써본다 134 • 나 136 • 내 존재의 좌표 138 • 나의 노래 140 • 나는 산 소년 142 • 내 마음의 말 144 • 내 마음속에 그대는 146 • 나의 기도 148 • 삶 151 • 삶의 무게 152 • 삶의 그림자를 뒤돌아보며 154 • 빛 155 • 이 아침에 156 • 바람이 되어 158 • 바람이 전하는 말 160 • 나무의 일상 162 • 가을 표정 164 • 휴식을 기다리는 가을 166 • 단풍 168 • 눈 내리는 아침에 170 • 눈이 내린다 172 • 사라지는 것 174 • 네모 상자 176 • 새 둥지 178 • 아파트 180 • 손톱 182 • 상념 184 • 심장의 고마움 186 • 이 못난 놈을 188 • 대한민국을 위한 기도 189 • 은혜 192 • 종소리 193 • 새벽 단상 195 • 구름 위에서 198

| 부록 |

버클레이 기도문

나를 낫게 해주소서

내게 구하라, 내가 너를 구원하리라.

외과의사의 간절한 기도 200 • 의학도의 기도 202 • 간호사의 기도 204 • 병원에 가기 전의 기도 206 • 치료를 받기 위한 기도 208 • 입원 후에 드리는 기도 209 • 수술받기 전에 드리는 기도 211 • 수술을 받은 후에 드리는 기도 213 • 병이 위독한 이를 위한 기도 214 • 회복되어 가는 이의 기도 216 • 하루를 끝내면서 드리는 기도 218 • 잠을 못 이룰 때의 기도 220 • 홀로 남은 이의 기도 222 • 고향의 가족을 위한 기도 224 • 퇴원 후의 일을 걱정하는 이의 기도 226 • 늙음을 위한 기도 228 • 삶의 용기를 얻는 기도 230 • 나의 신앙을 위한 기도 232 • 부활의 생명이신 주님께 드리는 기도 234 • 병원에서 한 해를 보내는 기도 236 • 집으로 돌아온 후의 기도 238 • 새해를 맞는 기도 240 • 부활절의 기도 242 • 크리스마스이브 기도 244 • 건강한 이의 기도 246

감사하는 마음으로 이 책을 끝내면서 247

히포크라테스 선서

나는 의술의 신 아폴론과 아스클레피오스와 휘기에이아와 파나케이아를 비롯한, 모든 남신들과 여신들을 증언자들로 삼으며 이 신들께 맹세코, 나는 나의 능력과 판단에 따라 다음 선서와 서약을 이행할 것이다.

나에게 의술을 가르쳐 준 스승을 내 부모와 똑같다고 여기고 삶을 함께하며, 그가 궁핍할 때에 나의 것을 그와 나누고, 그의 자손들을 내 형제와 같이 생각하고, 그들이 이 기술을 배우고자 하면 보수와 서약 없이 가르쳐 줄 것이다.

의료지침과 강의 및 그밖에 모든 가르침은 나의 아들과 나를 가르친 스승의 아들 및 의료 관습에 따라 서약하고 선서한 학생들 말고는, 어느 누구에게도 전해주지 않을 것이다.

나는 나의 능력과 판단에 따라 환자를 이롭게 하기 위해 섭생법을 쓰는 반면, 환자가 해를 입거나 올바르지 못한 일을 겪게 하기 위해, 그것을 쓰는 것은 금할 것이다.

나는 그 누가 요구해도 치명적인 약을 주지 않을 것이며, 그와 같은 조언을 해주지도 않을 것이다. 마찬가지로 나는 여성에게 임신중절용 페서리를 주지도 않을 것이다.

나는 나의 삶과 나의 의술을 순수하고 경건하게 유지할 것이다.

나는 절개를 하지 않을 것이고, 결석 환자라도 그렇게 하지 않을 것이고, 그러한 일에 종사하는 사람에게 맡길 것이다.

나는 어느 집을 방문하든 환자를 이롭게 하기 위해 방문할 것이지만, 고의로 온갖 올바르지 못한 행위나 타락 행위를, 특히 자유인이든 노예이든 남자나 여자와의 성적 관계를 금할 것이다.

나는 치료하는 중에는 물론이고 치료하지 않을 때조차도, 사람들의 삶에 관해 내가 보거나 들은 것은 무엇이든, 결코 발설해서는 안 되는 것으로서, 나는 그러한 것들을 성스러운 비밀이라고 여겨 누설하지 않을 것이다.

이 선서를 이행하고 어기지 않으면, 내가 모든 사람에게서 좋은 평판을 받고, 나의 삶과 기술을 향유할 수 있길 기원하고, 내가 선서를 어기고 거짓 맹세를 하는 것이라면 이와 반대되는 일이 있길 기원한다.

ὄμνυμι Ἀπόλλωνα ἰητρὸν καὶ Ἀσκληπιὸν καὶ Ὑγείαν καὶ Πανάκειαν καὶ θεοὺς πάντας τε καὶπάσας, ἵστορας ποιεύμενος, ἐπιτελέα ποιήσειν κατὰ δύναμιν καὶ κρίσιν ἐμὴν ὅρκον τόνδε καὶσυγγραφὴν τήνδε·

ἡγήσεσθαι μὲν τὸν διδάξαντά με τὴν τέχνην ταύτην ἴσα γενέτῃσιν ἐμοῖς,καὶ βίου κοινώσεσθαι, καὶ χρεῶν χρηΐζοντι μετάδοσιν ποιήσεσθαι, καὶ γένος τὸ

ἐξ αὐτοῦἀδελφοῖς ἴσον ἐπικρινεῖν ἄρρεσι, καὶ διδάξ
ειν τὴν τέχνην ταύτην, ἣν χρηΐζωσι μανθάνειν,ἄνε
υ μισθοῦ καὶ συγγραφῆς, παραγγελίης τε καὶ ἀκροή
σιος καὶ τῆς λοίπης ἁπάσης μαθήσιοςμετάδοσιν ποιή
σεσθαι υἱοῖς τε ἐμοῖς καὶ τοῖς τοῦ ἐμὲ διδάξαντος,
καὶ μαθητῇσισυγγεγραμμένοις τε καὶ ὡρκισμένοις ν
όμῳ ἰητρικῷ, ἄλλῳ δὲ οὐδενί.

διαιτήμασί τε χρήσομαιἐπ᾽ ὠφελείῃ καμνόντων κα
τὰ δύναμιν καὶ κρίσιν ἐμήν, ἐπὶ δηλήσει δὲ καὶ ἀδικί
ῃ εἴρξειν.

οὐδώσω δὲ οὐδὲ φάρμακον οὐδενὶ αἰτηθεὶς θανάσιμ
ον, οὐδὲ ὑφηγήσομαι συμ βουλίηντοιήνδε: ὁμοίως δὲ
οὐδὲ γυναικὶ πεσσὸν φθόριον δώσω.

ἁγνῶς δὲ καὶ ὁσίως διατηρήσω βίοντὸν ἐμὸν καὶ τέ
χνην τὴν ἐμήν.

οὐ τεμέω δὲ οὐδὲ μὴν λιθιῶντας, ἐκχωρήσω δὲ ἐργά
τῃσιν ἀνδράσι πρήξιος τῆσδε.

ἐς οἰκίας δὲ ὁκόσας ἂν ἐσίω, ἐσελεύσομαι ἐπ᾽ ὠφελε
ίῃκαμνόντων, ἐκτὸς ἐὼν πάσης ἀδικίης ἑκουσίης καὶ φ
θορίης, τῆς τε ἄλλης καὶ ἀφροδισίωνἔργων ἐπί τε γυ
ναικείων σωμάτων καὶ ἀνδρῴων, ἐλευθέρων τε καὶ δ
ούλων.

ἃ δ᾽ ἂν ἐνθεραπείῃ ἢ ἴδω ἢ ἀκούσω, ἢ καὶ ἄνευ θεραπείης κατὰ βίον ἀνθρώπων, ἃ μὴ χρή ποτεἐκλαλεῖσθαι ἔξω, σιγήσομαι, ἄρρητα ἡγεύμενος εἶναι τὰ τοιαῦτα.

ὅρκον μὲν οὖν μοι τόνδεἐπιτελέα ποιέοντι, καὶ μὴ συγχέοντι, εἴη ἐπαύρασθαι καὶ βίου καὶ τέχνης δοξαζομένῳ παρὰπᾶσιν ἀνθρώποις ἐς τὸν αἰεὶ χρόνον· παραβαίνοντι δὲ καὶ ἐπιορκέοντι, τἀναντία τούτων.

히포크라테스
여인석 이기백 역 「히포크라테스 선집」. 나남. 2011

제네바 선언 현대의 '히포크라테스 선서'

현대에 들어와서 '히포크라테스 선서'라는 이름으로 의과대학을 졸업할 때 졸업생들이 하는 선서는 1948년 '히포크라테스 선서'를 현대에 맞게 개정한 것이다.

1948년 스위스 제네바에서 개최된 제22차 세계의사협회|WMA, World Medical Association|에서는 제2차 세계대전 중에 나치에 의해 자행되었던 인체 실험 범죄행위와 같은 비윤리적 의료행위가 재발하지 않도록 시대에 맞게 '히포크라테스 선서'를 개정할 필요성이 제기되었다.

이에 따라 총회에서 '제네바 선언|Declaration of Geneva|'을 통해 수정된 '히포크라테스 선서'가 제안되었다.

이때 제안된 '히포크라테스 선서'는 이후 1968년 오스트레일리아 시드니에서 개최된 총회에서 환자 사후의 비밀 보장 의무가 추가되는 등 1983년, 1994년, 2005년, 2006년, 2017년에 걸쳐 여러 번 개정되었다.

제네바 선언 2017

의료직에 입문하면서, 다음과 같이 서약한다.

나는 인류에 봉사하는 데, 내 일생을 바칠 것을 엄숙히 맹세한다.

나는 환자의 건강과 행복한 삶을 가장 먼저 고려할 것이다.

나는 환자의 자율성과 존엄성을 존중할 것이다.

나는 인간의 생명에 대한 최고의 존중을 유지할 것이다.

나는 연령, 질병이나 장애, 신념, 민족, 국적, 정치적 성향, 인종, 성적 지향, 사회적 지위, 또는 다른 어떤 사실도 환자를 대하는 나의 의무 사이에 개입하는 것을 허용하지 않을 것이다.

나는 알게 된 환자의 비밀을 환자가 사망한 이후에라도 누설하지 않을 것이다.

나는 의학계의 명예와 고귀한 전통을 이을 것이다.

나는 나의 스승, 동료, 학생들에게 마땅히 그들이 받아야 할 존경과 감사를 드릴 것이다.

나는 환자의 이익과 의료 발전을 위해, 나의 의학 지식을 공유할 것이다.

나는 최고 수준의 치료를 제공하기 위해 자신의 건강과 행복한 삶, 잠재력을 키울 것이다.

나는 위협을 받더라도 인권과 시민의 자유를 침해하기 위한 목적으로 나의 의학 지식을 사용하지 않을 것이다.

나는 이 모든 약속을 나의 명예를 걸고 자유의지로서 엄숙히 서약한다.

제1부
평범한 외과의사의 지난날

어딘가에 활로가 있을 것이다. 앞뒤 또는 왼쪽, 오른쪽이 아니라면 머리 위에 있을지 모른다. '사람의 다리가 그 사람의 운명이다. 다리는 그 사람이 가고 싶어 하는 곳으로 인도한다.'

르완다Rwanda와의 인연

1994년 여름 어느 날, 친구(윤○○)에게서 전화가 왔다.

전화의 내용은 자기가 관계하는 NGO인 이웃사랑회에서, 작년에 소말리아에 구호 활동을 다녀온 후, 올해에는 6.25사변을 기억하면서, 다시 그곳을 방문하기 위해 모금을 한다고 했다.

그러나 소말리아의 국내 정치 상황으로 인하여 입국이 불가하여, 그동안 계획하고 모금하였기에 이에 대안을 찾던 중 르완다에 내전이 일어나서, 그곳으로 구호 활동을 하기로 결정했는데, 무엇보다 인명구조가 필요할 것 같아서 의사 한 사람과 함께 갔으면 한다고 했다.

나보고 그곳에 갈 수 있는 의사 한 사람만 소개해 달라고 하기에, 나는 쉽게 "알았어" 하고 대답했다.

당시 나는 개인 의원을 하는 상태여서 내가 갈 수 있으리라고는 생각하지 않고 몇 군데 통화를 하며 가능한 사람을 찾아보았다.

내가 아무 생각도 없이 쉽게 "알았어" 하고 대답했지만, 생각해 보니, 먼 아프리카의 이름도 모르는 나라에 종족 분쟁으로 내전이 발생한 그곳을 가겠다는 사람은 구할 수가 없었다.

며칠이 지나서 친구에게서 전화가 왔는데, 어떻게 되었냐고 묻기에 아직 구하지 못했다고 했다.

다음 주면 떠나야 하는데 못 구하면 큰일이라고 걱정하기에 또 한 번, 나는 "알았어"라고 대답을 했다.

막상 대답은 했지만, 나 역시도 막막했다.

저녁 TV 뉴스에 르완다 내전 상황의 모습이 방영되었는데, 꼬

마의 얼굴이 TV 화면에 비치었다. 귀여운 어린아이의 얼굴 눈 주위에 파리가 여러 마리 붙어있는 것이 눈에 유난히 띄었다.

마치 나를 보고 와서 도와달라는 듯한 느낌이 들었다. 밤새 그 영상을 잊을 수가 없어서 뒤척이다가, 다음 날 친구에게 전화했다.

"시간이 없다니까, 사람을 못 구하면 내가 갈게."
하니까, 친구는 무척 반가워하며 좋아했다.

급하게 나는 대진 의사를 구하는 광고를 하고 떠날 준비를 하며 마음을 정리했다.

이렇게 해서 나와 이웃사랑회와의 인연은 시작되었고, 르완다 사태를 비롯하여 훗날 몽골, 튀르키예. 에티오피아. 캄보디아. 네팔, 북한을 비롯한 나라들을 다니는 의료 일정이 시작되었다.

| 후기

내가 처음부터 외과의사가 되고 흉부외과 전문의까지 하게 된 목적은 막연했다. 하지만 의사가 된 후 아프리카 같은 의료의 혜택이 소외된 지역에 가서 일하는 것이, 내가 가야 할 길이라는 생각을 갖게 되었다.

성경 말씀(잠 16 : 9 사람이 마음으로 자기의 길을 계획할지라도 그의 걸음을 인도하시는 이는 여호와시니라)처럼, 그 길을 여호와께서 인도하신다는 말씀 그대로, 내 계획은 실천할 수 없는 삶이었다.

군 생활을 마친 후 모교에서 잠깐 근무하고 있다가, 원래 계획했던 대로 아프리카로 가려고 작정했으나 마음대로 갈 수가 없게 되어, 지방의 종합병원에서 근무하다가 서울로 돌아와서 개인 의원을 하게 되었다.

개인 의원을 하던 중 이웃사랑회를 만나게 되어 목적했던 나의 길은 아니지만, 내가 생각하지 못했던 방식으로 세계 여러 나라 |브룬디. 우간다. 예멘, 콜롬비아. 니콰라과. 잠비아, 마다가스카르, 인도네시아, 인도. 인도네시아 네팔, 코스타리카. 엘살바도르, 가봉. 미얀마. 아프가니스탄. 파키스탄. 방글라데시, 필리핀. 케냐, 에티오피아, 르완다, 잠비아, 평양, 우즈베키스탄, 러시아| 등 많은 나라들을 다니며 직접 간접으로 내 삶의 궤적을 만들게 된 것은 분명하다.

나를 돌아보며, 내가 할 수 있는 일들을 할 수 있게 된 모든 의료 활동은 하나님의 계획과 은혜임을 이제야 늦게나마 깨닫고 감사할 뿐이다.

· 2025년 4월 어느 날

외과의사로 걸어온 디딤돌

| 의술 인술 기업 |

인생이 짧다고들 이야기하지만, 요즈음에는 그 말이 실감이 나는 것 같다.

돌아보면 어린 시절에는 어른들의 세계는 나와는 관계가 없는 별개의 세상으로 생각하면서 딱지치기, 구슬치기, 땅따먹기 같은 놀이 속에서 자라면서 점차 세상을 배워갔다.

그러나 언젠가부터는 인생을 논하고 장래의 삶을 계획하면서 살아야 한다는 것조차 제대로 깨닫지 못하고 살아왔다.

이제 내 나이가 80을 넘고 보니 '내가 언제 그렇게 살아왔지.' 하면서 앞보다 뒤를 돌아보는 시간이 자연스럽고, 지난날의 실수, 후회, 해 온 일들을 돌아보게 되었다.

언제부터인지는 모르지만, 나와 인연이 있는 가까운 친구들이 하나씩 세상을 떠나는 모습이 낯설지 않고 당연한 듯 익숙해지는 것 같다. 죽음이라는 명제가 친구들의 화제 중 자연스러운 화두가 되었다.

젊음을 불사르며 의과대학 졸업과 의사면허를 받고 인턴 생활을 시작하던 기억이 새롭다.

인턴 1년 동안 외출이나 외박은 생각도 하지 못하고 당연히 병원 안에서 맴돌며 지냈던 시절, 짜장면 몇 그릇값도 안 되는 봉급이었지만, 그 시절이 왜 그렇게 행복했던지 아련하다.

외과 의국 생활 1년 차 때는 집에 간다는 생각은 감히 꿈도 못 꾸면서 일주일에 2kg씩 체중이 줄면서도 불평 한마디 없이 열심히 뛰던 그때가 그리워지는 것은 나이가 든 탓일까?

외과 전문의가 되어 해군에 들어가 김포, 백령도 통합병원 등에서 근무하며, 처음으로 세상에 나온 듯 삶을 배우던 시절, 군 제대 후 다시 학교에 돌아와 근무하며, 내가 원했던 오지 선교를 위한 계획을 실천하려고 사직하고 나왔으나 계획대로 진행이 안 되었다. 결국 지방 종합병원에서 겁 없이 닥치는 대로 환자를 진료하며 수술하던 시기. 다시 서울로 올라와서 네팔 의료 선교사로 가기 위해 준비했으나 뜻대로 되지 않았다. 길이 열리지 않아서 원하지 않던 개업을 하게 되었고, 이런 와중에 주님의 뜻에 따라 이웃사랑회를 만나 르완다와 인연을 맺게 되었다.

이렇게 내가 생각하지 못했던 계기로 의료가 낙후된, 여러 국가를 찾아 의료봉사 활동을 하게 되고, 좀 더 주님을 가까이하며, 나 자신을 알고 싶어서 선택한 신학교에 다니게 되었다.

그러나 나는 아무나 목회자가 되는 게 아니라는 걸 깨닫고 목회자의 길은 접어두고, 의료인들을 중심으로 의료선교 목적의 NGO WELL을 창단하여 지금까지 그 길을 걸어오고 있다. 이제 내 나이 80을 넘은 것을 깨달으며 '인생 참 짧구나.' 하는 감회에 젖는다.

외과의사라는 외로운 직업

나는 의과대학에 들어가기 전부터 자연스럽게 외과의사가 되리라는 생각을 하고 있었다.

특별한 이유는 없지만, 내가 그렇게 생각하게 된 것은 내과 의사는 수술을 못하지만, 외과의사는 수술이 필요한 내과 환자를 다 진료할 수 있기 때문에, 어느 곳에서도 필요한 의사가 될 수 있다고 생각했기 때문인 것 같다.

웃기는 말로 의사들 간에는, 내과 의사는 아는 건 많은데, 사람을 다 죽이고, 외과의사는 아는 건 별로 없는데도 환자는 외과의사가 다 살린다는 말이 있었다.

지금은 해당이 안 되는 옛말이 된 것 같으나 이전에는 이런 농담 아닌 농담이 있었다.

외과의사가 되고 나서 대학교나 종합병원에서 외과의로 일하는 시간은 보람차고 행복한 즐거움을 가졌다.

생과 사의 갈림길에 있는 위급한 환자를 살려야 한다는 의무감에서 젊은 시절 한창 바쁠 때는 그러한 생각 없이 환자 한 사람, 한 사람 도움을 주어 고통을 없애주고 문제를 해결해 주었다는 나 혼자만의 느낌(?)으로 몇 시간, 어떤 때는 밤새워 수술하면서도 피곤한 줄 모르고 일했던 것 같다.

한편, 해외 진료 때는 크고 작은 종양들을 가지고 오는 환자들을 보면서, 어쩌면 일생에 의사를 한 번밖에 볼 수 없는 사람들이라 생각하여, 다소 무리하게 종양들을 제거한 일들은, 내가 외과의사이기에 경험할 수 있었던 의료행위였다. 그러므로 해외에서까지 진료할 수 있는 외과의사가 된 일에 감사한 마음을 깨닫게 되는 계기가 된 것도 같다.

최근에는 인턴 과정을 마치고 전문의 과정을 선택하는 기준이, 안전하고 쉬우면서 돈도 잘 벌 수 있는 편한 병과를 선호하는 분위기가 의료계에 팽배한 것 같다.

사회 변화가 이러한 변화의 한 원인이라고 생각은 하면서도 애초에 의사라는 직업이 경제적으로 안정된 직업이라는 인식이 자리 잡고 있어 본래 의사의 기능이 무엇인지, 자기 성격이나 적성에 맞는 분야가 무엇인지, 자신이 원하는 전문 분야가 무슨 과인지, 어떤 마음을 가지고 임해야 하는지 생각하지 않는 세태가 마음 아프다.

이와 더불어 어떤 사회적 책임감이나 의사로서의 자존감이나 윤리의식과는 관계없이 의사가 되기 위해 본인을 포함해서 가족과 사회 전체가 경주하는 듯한 잘못된 인식과 변화된 모습을 보면 안타깝고 아쉬운 마음이 드는 것은 어쩔 수가 없다.

AI시대의 의사 역할

AI 기술 발전은 의료 분야, 특히 외과 분야에 혁신적인 변화를 줄 것으로 기대하고 있는 것이 사실이다.

그러나 아직 AI가 완전히 외과의사의 기능을 대체하여 외과의사가 설 자리를 없애기보다는, 오히려 외과의사의 역량을 강화하고 효율성을 높이는 방향으로 발전할 가능성이 크다고 보는 경향이 많다.

왜냐하면 방대한 의료 데이터를 수술 전에 정확하게 분석해서 수술 계획을 수립하는 데 도움이 될 수 있고, 환부의 정확한 위치, 크기 및 주위 장기와 주위 조직과의 관계 등을 정밀하게 파악하는 데 도움을 줄 수 있어서, 수술의 효율성을 높일 뿐 아니라 안전성도 높이는 결과를 가져올 수 있기 때문이다. 더구나 AI를 기반으로 한 수술 로봇의 발달은 외과의사가 손으로 직접 수술하기 어려운 고난도의 정밀한 수술을 가능하게 해줌으로써 수술의 정확도를 더 높이고 합병증 발생의 가능성을 줄일 수 있을 뿐 아니라, 수술 후 관리를 위해서도 많은 도움이 되리라고 생각한다.

그러면 AI 기술이 발전하는 데에 따라 외과의사의 역할에 대한 전망은 어떨까, 생각해 보자.

복잡한 상황에서 기술적인 보조를 위해서는 AI가 많은 도움이 되겠지만 환자와 질병이라는 관계인 상황에서 볼 때 상황의 판단. 환자와의 소통, 사안에 따라서 윤리적 결정 등 외과의사의 역할은 좀 더 예민하고 중요한 역할로 남아 있으리라고 생각한다.

AI를 이용한 수술 중 실시간으로 환자의 생체 신호, 수술 부위 영상 등을 의사에게 신속 정확하게 전달 할 수 있어서 안정하고 정확한 수술을 시행하는 데 도움이 될 것이다.

외과의사로서는 AI가 제공하는 방대한 양의 데이터를 이해하고, 이를 환자 치료에 효과적으로 적용할 수 있는 능력을 갖추어야 할 것이다. 결국 외과의사는 AI를 적극적으로 활용하여 환자 수술 치료에 도움을 주기 위해서 AI와의 공감 및 숙련된 임상적 판단력을 키워서 AI 기술을 효과적으로 통합하는 능력을 키워야 할 것이다.

UN의 보고에 따르면 머지않은 장래에 외과의사의 손은 필요 없어지고, 수술 기능을 가진 로봇 캡슐이 개발되어 이 캡슐을 먹기만 하면 치료가 필요한 병소를 찾아가서 종양을 제거하거나 병소를 치료하는 기능을 하게 된다고 한다.

이렇게 되면 외과의사는 필요 없는 시대가 될 수도 있겠다. 그러나 수술용 로봇 캡슐이 수술이나 기타 환부에 필요한 치료를 이행하는 경우, 합병증이 발생한 경우나 법적, 윤리적 문제 등은 쉽게 해결될 문제가 아니라고 생각한다. 그러므로 아직 이를지 모르지만, 이러한 상황에 대한 대비를 지금부터라도 논의해야 하리라.

후배 의사들에게 하고 싶은 이야기

의사의 일생이라고 하면 좀 무겁고 힘든 화두 같아서, 그냥 지금까지 의사로 살아온 날을 돌아보는 편한 마음으로, 특별히 기억에 남은 환자들에 관한 기억을 더듬어 정리해 보겠다.

의사가 무엇인지, 의사가 지켜야 할 본분이 있다면, 어떤 것인지를 생각하며 나름대로 나의 의사 생활 기록을 정리해 본다.

최근 의료 환경에 대한 정부의 의료정책과 이에 대한 의료계의 반발로 초래된 혼란한 상황을 보면서 느끼는 점 몇 가지를 말해 보고 싶다.

의사라는 직업도 수많은 직종 중의 하나이기에 현재 일어나는 상황에 대해, 어느 것이 옳고 그르다는 판단은 아니다.

단지 내가 느끼는 마음속 생각은 세상이 변하고 사회구조와 세태의 변화에 따르는 의료 환경의 변화는 당연하다고 하겠으나, 의사라는 직업의 바탕에 가지고 있어야 할 변하지 않는 가치는 있어야 하지 않겠는가 하는 생각이다.

사회는 계속 변하는데 의사만 인술이라는 제약에 묶어두고 일방적으로 봉사만 요구하거나 정부의 시책에 아무 반응 없이 그저 정부가 요구하는 대로 따르자는 뜻은 아니다.

의사는 직업인으로서 경제적인 면과 봉사의 양면을 다 가지고 있기 때문에, 경제적 이유로 의료 행위가 가진 본래의 가치가 손상되거나 상처받지 않았으면 좋겠다.

나는 개인적으로는 처음 의사가 될 때부터 외과의사가 되리라 생각하고 있었고, 외과의사가 되어야 내과 의사가 하지 못하는 수술을 할 수 있고, 겸해서 내과 질병도 볼 수 있는 분야가 외과의사라는 생각을 했던 까닭인지도 모른다.

그러나 내가 원했던 아프리카 등 오지에서 일하고자 했던 계획은 마음대로 안 되었지만, 지금 생각해 보면 성경 말씀대로 계획은 내가 하지만, 그 걸음을 인도하시는 분은 하나님이라는 말씀을 그대로 깨닫게 되는 요즈음이다.

경제적인 측면을 생각하면 의사라는 직종이 인기 있는 현실은 필요악일 수도 있다고 생각하지만, 현대 사회가 요구하는 인술의 정의는 동의보감 시절의 의료가 아니라, 현세대에게 맞는 환경의 조성이 필요하다고 여겨진다.

하지만 요즈음과 같은 투쟁 방식은 아무리 정당하고 당연한 방법이라고 하더라도 의료 본래의 가치를 도외시하고 의사의 본분이라는 의식에 상처를 주면서, 한편으로 치우친 의사 표시의 방법을 대할 수밖에 없는 현실이 너무 안타깝고 슬프다.

조금이라도 여유 있게 양보하면서 요구할 것은 지혜롭게 얻어 가는 현명한 태도가 아쉬울 뿐이다.

WELL 이야기

1993년 소련 연방이 무너지면서 제일 처음 탈 공산주의를 선언한 것은 몽골이었다.

당시 몽골과 관계를 맺고 있던 연세대학교 의과대학은 몽골의 의과대학과 기초학 교실에서 공동 작업을 하고 있었다. 이를 인연으로 하여 1994년부터 연세의대 세브란스 병원은 몽골에 선교목적을 가진 주민 진료를 위해 의료선교팀 파송을 시작했다.

당시 몽골에 다녀온 진료팀들은 통상적으로 해단 예배와 동시에 해단식을 하고, 다음 모임들을 이야기하며 해산하는 것이 자연스러운 분위기였다.

그러나 내가 동참했던 진료팀은 해단식을 하지 않고 매주 모여 정기적으로 기도회를 하며 모임을 유지하고 있었다. 이 모임의 이름을 우사모|우리 작은 사랑을 전하는 모임|라고 했다.

나는 이 모임이 좀 더 구체적으로 활동하려면 체계가 있는 조직이 되어야 할 필요가 있으리라 생각되어, 내 뜻을 전했다. 모두 좋다고 찬성해서 기독 의료 NGO를 창립하게 되었다.

준비 과정을 거쳐 NGO 이름을 WELL|Well of Eternal Love & Light 영원한 빛과 사랑의 샘|이라고 명명하고 필요한 법적 수순을

밟아서 2005년 법인으로 등록하였다. 그리고 해외 진료 일정 및 구호 사업을 진행했다.

그동안 캄보디아, 방글라데시, 몽골, 우즈베키스탄, 마다가스카르 등의 국가에서 이동 진료, 구호 사업, 교육사업, 탁아시설, 교회설립 등을 해 오며 필요한 곳에 지부를 설치하여 유지하면서 활동해 오고 있다.

비록 크지 않은 기독 의료선교 단체이지만, 20년 이상 끊이지 않고 활동할 수 있도록 지켜주신 주님께 감사하며, 지금까지 같이 활동해 오고 있는 팀원들에게 감사한 마음을 전한다.

앞으로도 계속 영원한 주님 사랑의 빛을 전하는 순수한 WELL, 사랑의 샘이 끊이지 않고 계속 흐를 수 있도록 함께 수고할 젊은 팀원들과 WELL을 위한 하나님의 보호와 인도하심이 늘 함께하기를 기도한다.

제2부
진료실에 핀 이야기들

 의사의 일생이라고 하면, 뭔가 무겁고 어색한 낱말 같은 느낌을 갖게 된다. 하지만 평범한 의료인의 한 사람으로 지금까지 살아온 날들을 뒤돌아보면 버리고 싶은 시간도 있었음을 고백해 본다. 특별히 기억나는 환자들의 기록을 더듬어 정리해 보며 의사가 무엇인지, 의사가 지켜야 할 본분이 있다면, 어떤 것일지 생각하며 나름대로 정리해 보았다.

| 식도 재건술 해준 환자 |

수술하고 싶다고 찾아온 여인

ECG(esophago-colo-gastrostomy) 식도 대장 위 문합술

외래를 보던 중 20살이 채 못 되어 보이는 소녀가 찾아왔다.

첫눈에도 몹시 마르고 허약해 보이는 몸매여서 병력을 알아보기 위해 문진했다.

그녀가 몇 년 전 양잿물|이유는 모르지만|을 먹은 사실을 알게 되었고, 그 후 미음을 조금씩 먹어왔지만, 이제는 물 한 모금도 먹을 수 없게 되었다며 찾아왔다.

그 상황에서 할 수 있는 것은 환자의 전신 컨디션을 우선 어느 정도 회복시키는 것이 필요했다.

나는 환자에게 체중을 늘리고 체력이 회복되어야 수술할 수 있음을 설명하였다.

지금 할 수 있는 치료 방법은 복벽을 통해 고무호스를 꽂아 위와 연결하여 영양을 공급하여 몸이 어느 정도 회복되면, 그때 필요한 수술을 할 수 있으니, 먼저 간단하게 복벽을 통해 위에 호스를 넣는 수술|feeding gastrostomy|을 하자고 권했다.

그리고 계속 관찰하면서 정기적으로 외래에서 만나자고 했다.

본인이 열심히 노력한 덕분인지 6개월이 지나자, 환자의 전신 상태는 놀라울 정도로 회복되었다.

환자에게는 앞으로 6개월 정도만 더 노력하면 원하는 수술을 할 수 있으리라 생각되어 6개월 후에 수술하기로 했다.

6개월이 지나 수술을 위해 소녀가 입원했다.

식도가 완전히 부식되어 없는 상태이므로, 인공적으로 식도를 만들어야 하는 큰 수술이었다.

대학병원 같으면 모든 시설이 완비되어 있고 준비도 되어 있어 수술을 위한 인원도 충분하겠지만, 지방 소도시인 이곳 개인 병원에서는 나 혼자 모든 수술 과정을 진행|의사가 아닌 수술을 도와주는 조수와 함께| 해야 하는 복합적인 상황이었기에 쉬운 결정은 아니었다.

또 이 수술은 자주 접하거나 흔히 볼 수 있는 질환이 아니었기에, 혼자 직접 수술한 경험이 없는 나는 약간 긴장되었지만, 젊은 패기와 환자가 입으로 음식을 먹을 수 있게 해주어야 한다는 책임감이 작용한 탓인지 용기를 내어 수술하기로 했다.

기본적으로 식도를 만들어 주어야 하는 수술이기 때문에, 무엇보다도 식도로 사용할 수 있는 대체 장기가 필요했다.

통상적으로 대장의 일부를 절단해서 이용해 왔으므로, 대장을 사용하기로 하고 수술 준비를 했다.

수술은 먼저 복부를 연 후 결장|대장|의 일부를 식도의 길이만

큼 절단하는데, 잘라낸 결장의 혈액순환에 지장이 없도록 주의해서 잘라내야 한다.

그 후, 흉골胸骨 안쪽으로 터널을 만들고, 그 터널을 통해 잘라낸 결장을 목 부위까지 조심해서 밀어 올린 후, 목 부위의 적당한 부위를 절개하여 후두를 지나 식도가 시작되는 부분을 노출한 후 문합한다. 그리고 난 후에는 결장의 아랫부분을 위의 적당한 부위에 문합하고 수술을 마치게 된다.

그래서 이 수술의 명칭을 ECG|식도 대장 위 문합술|라고 한다.

수술 후 경과는 양호해서 별다른 후유증이나 문제없이 퇴원하였다.

퇴원 후 오래 지나 다 잊고 있던 어느 날, 몰라보게 변한 그녀가 찾아왔다.

"선생님 저 결혼해요. 축하해주세요. 그동안 너무 감사했어요."

처음 보았던 때의 기억이 떠오르며, 오히려 내가 감사한 마음이 들었다.

"축하한다."

외과의사의 보람이 느껴지는 순간이었다.

· 1977년 어느 날 이야기

비장파열

그날은 아침부터 진찰실 앞쪽이 유난히 어수선했다.

외래 환자를 진료하고 있는데, 갑자기 진료실이 소란해지며 문이 열렸다.

언뜻 보니, 50세 정도의 아주머니가 간호사의 안내도 없이 들어왔다.

무슨 일이냐고 물으니, 지금 문 앞에서|병원은 큰길 가에 있었다| 차에 치였다고 한다.

여인의 표정을 살펴보니, 별로 아픈 데도 없어 보이고, 불편해하는 기색도 없었다.

어찌 된 상황인지를 묻자, 병원 앞길을 지나가는데 트럭이 지나가면서 자기를 치고, 그냥 갔다고 했다.

어디가 아프냐고 물으니, 별로 아픈 데는 없다고 하며, 트럭이 지나갈 때 트럭의 밧줄 거는 고리에 허리를 부딪쳤는데, 넘어지지는 않고 한 바퀴 빙그르르 맴돌다 그 자리에 멈춰 섰다고 했다.

진찰 소견으로는 외상의 흔적도 없고 환자도 별로 아파하지 않았지만, 일단 교통사고이므로 허리 부분 엑스레이를 찍으라고 처방하고, 다음 환자를 보기 시작했다.

환자를 진찰하고 있는데, 갑자기 진료실 문이 열리면서 급하게 나를 찾는 목소리가 들려왔다.

황급히 문을 열고 보니, 조금 전 엑스레이 찍으라고 처방해 준 아주머니가 문 앞에 누워있었다.

사건의 진상은 엑스레이를 찍고 나오다, 갑자기 아무 말도 없이 쓰러지며 의식을 잃었다는 것이다[엑스레이 실은 진찰실 바로 옆에 있었다].

의식은 없고 맥박은 거의 실낱같이 느껴질 정도였고, 얼굴은 창백했다. 순간적으로 비장파열이라는 느낌이 강하게 들었다.

초진 소견으로 환자는 건강해 보였고, 평소 지병도 없는 튼튼한 중년의 아주머니였기에 다른 상황은 생각할 수 없었다.

나는 생각할 여유도 없이 병원 직원을 큰 소리로 부르며 빨리 수술실로 옮기라고 하고, 곧장 수술실로 올라갔다[당시 진찰실은 1층, 수술실은 2층에 있었다].

한편, 보호자에게 환자의 긴급한 상황에 대해 간단히 설명해 주었다.

수술실에서도 준비가 필요했지만, 나는 시간이 촉박하다고 판단했기에 무조건 환자를 빨리 수술대로 옮기라고 지시했다. 그리고 수술복으로 갈아입지도 않은 채 손을 비누로 씻은 후 수술 장갑을 끼고 수술실로 들어갔다.

환자를 수술대 위에 눕힌 후 소독 과정도 거치지 않고 마취를 시작할 수 있는 준비만 해두고, 복부에 포타딘 용액을 바른 다음

곧바로 복부를 절개했다.

수술 시간을 줄이기 위해서 상복부 정중앙을 절개하고 복강 내로 손을 넣어 확인했다.

복강 내에는 붉은색 선혈이 가득했다. 이어 비장 부위에 손을 넣어 확인하니, 비장은 두부처럼 으깨져 있었고, 대동맥은 미약하지만, 아직은 잘 뛰고 있었다.

비장동맥 부위를 손으로 압박하고, 그 상태에서 마취를 시작하라고 주문했다. 그리고 호흡을 가다듬으며 마음속으로 수술 과정을 그렸다.

순간적으로 아무 생각이나 주저 없이 비장파열이라고 진단하고 서둘러 개복하여 확인한 다음, 곧바로 수술하여 환자의 생명을 구할 수 있었다고 판단되었다.

하지만 만약 비장파열이 아니었다면, 어떠했을까 하는 생각이 머리를 때리자, 등줄기에서 식은땀이 흘렀다.

다행히 마취도 정상적으로 진행되고 환자의 상태가 점점 안정을 되찾으며 혈압이 정상으로 회복되었다.

두부처럼 으깨진 비장을 떼어내고 혈관을 수습하고서야 수술대 위의 기구를 정리하면서 마무리 지었다.

시계를 보니 환자를 수술실로 옮긴 후부터 수술을 끝낸 지금까지 걸린 시간은 10분 조금 넘었다.

환자를 병실로 옮기고 보호자에게 환자의 상태를 설명한 시간을 제외하면, 실제로 복부를 절개하고 비장을 확인하고 혈관 정리할 때까지 걸린 시간은 5분도 안 되는 셈이다.

의식을 회복한 환자에게 그동안 일어난 일들을 설명했으나, 환자는 무슨 일이 있었는지, 전혀 느끼지도 못했다며 반신반의하는 표정이었다.

다행히 환자는 순조롭게 회복하여 1주일쯤 후 건강한 모습으로 퇴원하였다.

· 1977년 여름 어느 날

*** 진료 후기**

이런 경우를 체험할 기회는 거의 없다고 하겠지만, 외과의사로서의 급박한 경험을 어떻게 설명하고 처리하는 게 정상이라고 할 수 있을지 생각해 보았다.

물론 CT는 없었고 초음파가 겨우 소개되던 시기였기에, 이렇게 무모하고 무식(?)하게 서둘러 수술을 시행한 것이 잘한 일일까 생각해 보면 아찔한 느낌이다.

그 당시가 지금처럼 CT나 초음파가 가능해서 엑스레이를 찍고 나오다 갑자기 쓰러져 의식을 잃은 환자에게 심장 마사지를 시도하거나 CT나 초음파 검사를 시행했다면, 과연 시간적으로 그 환자를 구할 수 있었을까?

그런 생각을 하며 외과의가 응급 상황 시에 취할 태도를 마음속으로 정리해 보는 계기가 되었다.

심장 마사지 사건

갑자기 진료실이 시끄러워지더니 응급환자가 들이닥쳤다.

응급실이라고 해야 옛날 한옥 행랑방 같은 곳이었다. 응급실이라고 불리긴 했지만, 그냥 맨 흙바닥에 약간의 치료 기구들이 갖추어져 있는 것이 전부였다.

환자는 9세가량의 소년이었는데, 흙벽돌 담장이 무너지면서 그 아래에 깔린 것을 급하게 호송해 왔다고 한다.

이학적 소견으로 환자는 의식이 없고 청진으로도 맥박을 들을 수 없었다.

보호자에게 소생 가능성이나 회복 가능성이 없다고 설명했지만, 보호자는 그냥 포기할 수는 없으니, 무슨 조치라도 할 수 있는 데까지 해봐달라는 간절한 요청이었다.

조금 전까지도 건강하게 잘 뛰놀던 아이가 갑자기 이런 상태가 되었으니, 부모님의 심정을 이해할 수 있었지만 답답했다.

아이는 호흡도 없고 심장의 박동도 느낄 수 없는데도 보호자는 포기하지 않고, 포기하기 전에 할 수 있는 최선의 방법을 강구해 달라고 사정했다.

담장에 깔려 있다가 구조된 상태였기 때문에 환자의 흉벽은 완전히 함몰되었고, 늑골은 전부 골절되어 있었다. 그로 하여 흉벽은 심장을 보호하는 기능이 전혀 없는 상태였다.

나는 지금 이 상태에서 해볼 방법은 가슴을 열고 손으로 직접 심장을 마사지하는 방법이 있긴 하지만, 회복 가능성은 기대하기 힘들다고 소견을 밝혔다.

그렇게라도 해달라는 보호자의 간절한 간청에, 흙바닥 응급실에서 흉벽을 절개하여 심장을 노출하고 손으로 마사지했다.

몇 번의 마사지를 반복하자 환자의 심장이 움직이기 시작했다. 급한 대로 현장에서 할 수 있는 조치를 시행하면서 수액을 주입하고 상태를 유지하려고 했으나, 몇 분 후 다시 심장이 정지했다.

그 후 몇 차례 계속했으나 심장은 더 이상 반응이 없어 포기하자고 했으나, 보호자는 더 해보자고 애원했다.

갑자기 이런 변을 당한 부모와 어린 소년을 보면서 내 마음도 그 부모의 마음이 느껴지는 것을 어쩔 수 없었다.

지금은 곳곳에 심장 마사지할 수 있는 자동 충격기가 설치되어 있지만, 그 당시에는 그러한 말조차도 없을 때였다. 제세동을 할 수 있는 기계도 없었다.

이곳은 대학병원 수술실도 아니고, 시골병원의 흙바닥 응급실에서 가슴을 열고 맨손으로 어린 심장을 마사지하는 지경이었으니, 지금은 상상도 할 수 없는 환경이었다.

그런데도 나는 그 순간 제세동|defbrillation|을 해보아야겠다는 생각이 떠올랐고, 당황한 나 자신을 돌아보며 망설였다.

보호자에게 이제는 더 해볼 방법이 없으니 포기하자고 하면서도, 허락해 준다면 전기 충격을 한번 해보겠다고 했다. 보호자는 내가 원하는 대로 더 해보라고 허락했다.

이 작은 병원은 아무 설비도 없는 상황이기에 나는 기둥의 콘센트에서 선을 뽑아 길게 늘어뜨리고, 거즈를 물에 적셔 심장에 올려놓은 다음, 한 선의 끝은 심장에 대고, 다른 한 선을 심장의 다른 부위에 순간적으로 접촉하며 충격을 주었다.

순간 심장은 충격에 반응하며 잠깐 리듬을 회복되는 듯하기에 혹시나 하고 몇 번 충격을 주었다. 그런 후에는 반응이 없어서 결국은 포기했다.

가슴 아프고 무모했던 잊혀 지지 않는 기억이기에 정리해 본다.

· 1977년 여름 저녁에

* 진료 후기

지금 생각하면, 아무 시설도 없는 상황에서 무지하고, 무리하고, 무식한 행동이었지만, 그 당시의 안타깝고 철없이 무모했던 시절의 일이기에 정리해 본다.

제세동기에 사용되는 전류는 직류이고, 가정용 전기는 교류인 것을 생각할 마음의 여유도 없었다는 고백을 해본다.

급성 화농성 담낭염 수술

어느 날 오후 진료 시간이 끝날 즈음 퇴근 준비를 하는데, 급한 환자라면서 진료실로 들어왔다.

환자는 거의 의식이 없는 상태로 침대에 누운 채로 옮겨져 왔다. 살펴보니 약 50세 전후의 여자로 혈압은 거의 측정이 안 될 정도로 맥박이 약했고 대화조차 힘들어 의사 표시만 겨우 할 수 있는 정도였다.

병력을 물어보니, 약 1주일 전부터 복통이 있었고 열이 있어서 약국에서 약만 사 먹으며 하루하루를 지내왔는데, 오늘 오후부터 환자의 의식이 흐려지고 몸도 가누지 못할 정도로 병세가 심해져서, 병원으로 왔다는 것이다.

이학적 소견으로는 거의 혼수 상태이면서 혈압은 매우 낮아서 거의 측정이 안 될 정도인데, 다행히 의식은 있어서 간단한 대화는 가능했다.

병의 시작이 복부 통증이라고 하기에 배를 촉진해 보니, 우측 상복부 늑골 경계부에 가지 크기의 비교적 단단하고 누르면 몹시 통증을 느끼는 덩어리가 만져졌다.

나는 직감적으로 급성 화농성 담낭염이 병발하여 패혈증성 쇼

크를 일으켰다고 판단하고 보호자에게 환자 상태가 위중하므로 응급수술이 필요하다고 말했다.

보호자는 환자의 상황 설명을 이해하고 수술에 동의했다. 그러나 환자의 상태가 마취를 감당할 정도로 안정이 되어 있지 않았기에 보호자에게 수술의 위험성을 말하고 동의를 구해야 했다.

왜냐하면 의식은 있었지만, 혈압이 정상 이하로 낮아서 미약하게 측정될 정도였다. 마취 의사는 위험도가 너무 높아서 마취할 수 없다고 했고, 그런 상황에서 수술 여부를 결정해야 했다.

환자의 상태는 급성 화농성 담낭염에 의한 패혈증성 쇼크로 판단되었기 때문에, 문제는 빨리 개복해서 담낭을 제거해야 환자의 회복을 기대할 수 있었다.

그래서 나는 마취는 하지 않더라도 만약을 위해 마취 준비만은 한 상태에서 수술을 하기로 결정했다.

왜냐하면 환자는 의식은 있었지만 거의 통증을 못 느낄 정도로 의식이 저하되어 있었기 때문이다. 하지만 수술을 시행했다.

개복하고 확인해 보니, 예상대로 담낭은 금방이라도 터질 듯 부풀어있었고 겉보기에도 염증이 심했다.

수술하는 동안은 마취를 약하게 유지하면서 담낭을 제거했으며, 담낭을 제거하고 나니 환자의 상태는 눈에 보일 정도로 상태가 안정되기 시작해서 수술을 마칠 수 있었다.

그러나 문제는 수술 후 혈압, 맥박 등 환자 상태는 안정되었으나 의식이 돌아오지 않았다.

다시 수술 후 떼어낸 담낭을 절개해 보니, 담낭 내에 누렇고 푸르스름한 농이 가득 차 있었다.

마취가 풀리고 의식이 회복되기를 기다렸지만, 환자의 모든 활력징후는 정상 범주인데도 의식은 돌아오지 않았다.

패혈증 쇼크로 인한 후유증으로 판단되어 환자 상태 유지를 위해 수액과 항생제 등을 계속 주입하면서 기다릴 수밖에 없었다.

다행히 수술 후 1주일 만에 환자의 의식이 회복되어 며칠 후 가료하고 건강하게 퇴원한 예이다.

· 1997년 여름 어느 날 저녁

* 진료 후기

이 환자의 경우 결과적으로는 회복되어 건강하게 퇴원하였지만, 지금처럼 초음파나 CT가 없던 시절이기에, 약간은 모험에 가까운 무리한 시도였다. 돌이켜 보면 외과의사의 사명과 결정의 어려움을 다시 한번 생각하게 하는 일이었다.

맹장 수술을 두 번 받은 환자

 외래 환자를 진료하던 중에 복부 통증을 호소하며 찾아온 환자를 맞이하였다.
 진찰 후 병력과 이학적 소견상 급성 맹장염|급성 충수염|이 의심되어 혈액 검사를 처방하고, 보호자에게 맹장염 같으니 수술하는 것이 좋겠다고 말했다.
 그 말을 들은 환자는 놀라면서 자기는 수년 전에 맹장염 수술을 받았다고 하며, 무슨 말이냐고 되물었다.
 환자의 말대로 우측 하복부에는 이전에 수술받은 듯 절개 흔이 있었지만, 내 판단은 급성 맹장염이라고밖에 할 수 없는 소견이기에 잠시 고민했다.
 어떻게 설명해야 환자가 이해할 수 있을까 생각했다.
 맹장 수술을 한 절개 흔이 있는데, 아니라고 할 수 있는 상황이 아니었다. 나의 소견은 급성 맹장염이라 확신하였기 때문에 다른 처치를 생각할 수가 없었다.
 나는 보호자와 환자에게 일단 맹장 수술을 받았으니까, 맹장은 없겠지만, 맹장이 있는 대장 부위에는 맹장과 비슷하게 생긴 메켈게실|憩室 Meckel's diverticulum 메켈곁주머니|이라는 조직이 있

는데, 흔하지는 않지만, 이 게실에 염증이 생겨서 심해지면 수술해야 하는 상황이 되기도 하는데, 이 환자는 그 증상임을 의심할 수밖에 없다고 설명했다.

어쨌든 환자에게는 수술이 필요하다고 설득해서 승낙을 받고 수술을 시행했다.

수술 결과는 내가 예상한 대로 수술했다는 맹장은 제자리에 그대로 있었고, 염증이 심해서 터지기 직전의 심각한 상태였다.

통상 우리가 맹장이라고 부르지만, 맹장은 대장의 한 부분을 이야기하는 것이고, 엄밀한 의미의 명칭은 맹장에 붙어있는 '충수돌기염'이라고 해야 한다. 우리는 이것을 습관적으로 맹장염이라고 부르는 것이다.

이 환자의 경우에는 충수돌기가 맹장 뒷부분의 깊은 위치에 견고하게 붙어있는 데다 표면이 노출되지 않고 얇은 막으로 덮여있었기 때문에, 이런 일이 있지 않았을까 생각되는 경우였다.

하지만 환자에게는 처음 이야기한 대로 메켈씨 게실염이 심해서 게실을 제거했다고 설명하고 수술을 마친 기억이 난다.

· 1997년 어느 날

* 진료 후기

지금도 그런 표현을 하는지는 모르지만, 외과의사는 맹장염으로 시작해서 맹장염 수술로 끝난다는 반농담조의 표현이 있는데, 이는 맹장염 수술이 그만큼 흔하고 많은 데다 맹장의 상태에 따라 수술의 난이도가 천차

만별이기에 생긴 말이라고 생각된다.

    맹장의 위치가 좋을(?) 때는 수술 시간이 10분 내외가 되기도 하지만, 맹장의 위치나 상태에 따라 장시간에 걸친 수술이 소요되기 때문에 생긴 말일 것이다.

    맹장염이라는 단어는 정확한 단어가 아니다. 충수돌기염이라고 표현해야 정확하지만, 습관적으로 사용하고 있으므로, 독자의 이해를 위해 그대로 맹장염이라고 표현했음을 양해하길 바란다.

복강경 시술과 복부대동맥 파열

외래 환자를 진료하고 있는데, 갑자기 나를 찾는다는 전화 전갈이었다.

전화를 받아 보니, 이웃 산부인과 선생님이 다급한 목소리로 나를 찾고 있었다.

전화로 환자의 병세 내용을 들어보니 난관결찰을 위해 복강 내로 트로카[trocar : 투관침套管針]를 삽입하여 복막을 통과시키려던 것을 실수로 너무 깊이 들어가는 바람에 대동맥을 다친 것 같다는 말이었다.

시행 과정 중 대동맥을 천공한 느낌이 들었다고 하기에, 더 이상 다른 확인 방법이 필요하지 않다고 생각되었다. 그래서 급하게 수술하기로 약속하고 그 준비를 지시했다.

복막을 열고 보니, 다행히 복강 내에 출혈은 많지 않았으나, 대동맥 주위가 풍선처럼 부풀어있는 것이 보였다.

조심조심 혈관을 박리하고 부풀어 오른 풍선 모양의 막을 열어 보니, 대동맥 전면에 트로카로 인해 손상된 대동맥 천공 부위에서 혈액이 솟구치고 있었다.

그동안은 대동맥의 가장 바깥 피막이 대동맥에서 뿜어져 나오는 피를 어느 정도 막아주는 역할을 하여 풍선처럼 부푼 것이었다.

다행히 대동맥 혈관 겸자|鉗子 : forceps|가 있어서 천공 부위를 포함하여 지혈한 후, 다시 천공 부위를 봉합하고 해결했다.

이 환자에 대한 기억이 새롭다.

· 1977년 어느 여름

* 진료 후기

당시는 전국적으로 가족계획이라는 미명美名하에 남자는 정관 수술로, 여자는 난관결찰로 피임을 장려하던 시기였다. 아들딸 구별 말고 하나만 낳아 잘 키우자는 슬로건이 대세이던 시절이었다.

이 환자는 시술하시던 선생님이 복강 내 시술을 시도하다가 복막을 통과하면서 대동맥을 뚫은 사고를 다행히 곧 인지하고 판단하여 나에게 연락해 주었기에 큰 사고를 막은 진료기록이다.

지금 생각하면 불과 50여 년 전 일인데, 이제는 정반대로 인구 감소를 걱정하며 출산을 장려하는 것을 보면, 정치하는 분들이나 의사협회 등의 생각이 얼마나 단견이고 소견과 시야가 좁은지 되돌아보게 된다.

방앗간 피대

밖이 소란하더니 환자가 들것에 실려 들어온다.

순간 환자 상태가 매우 심각해 보였다. 환자는 숨은 쉬고 있었지만, 의식은 없는 상태로 진찰하여야 했다.

사연을 들어보니, 환자는 방앗간 피대皮帶에 옷고름이 말려들어 가면서 온몸이 피대를 따라 돌다가 공중에서 떨어졌다고 한다.

외부 소견상 한쪽 다리는 완전히 부서져서 형체를 잃고 그냥 매달려있는 모양이었고, 얼굴과 가슴은 치마저고리와 피부가 엉켜서 형태를 구분할 수 없었다.

대충 팔다리와 가슴, 얼굴에 엉킨 저고리와 치마 등을 정리하고 보니, 한쪽 다리는 완전히 절단되었고, 한 쪽 팔은 골절되고 가슴은 심한 둔상으로 늑골 여러 개가 골절된 상태였다.

다행히 안면에는 직접 충격이 없었는지, 큰 변형이나 상처는 보이지 않았다.

우선 안정을 위해 응급조치한 후 호흡의 유지를 위해 기관 삽관했다. 그때는 인공호흡기가 없어서 수동형 인공호흡기|ambu bag|를 연결하고 간호사가 환자 옆에 앉아서 교대로 호흡할 수 있도록 펌프질하면서 환자를 관찰했다.

다발성 늑골 골절과 그 결과 발생한 혈흉을 관찰하기 위해 흉관을 삽관하고, 우선 환자가 안정되도록 했다.

늑골 여러 개가 골절된 데다 환자가 정상적으로 호흡할 수 없어서, 기관지 삽관을 하고 수동형 인공호흡기를 연결하여 직접 수작업으로 호흡하게 해주었다.

환자의 바이탈|vital sign : 환자의 건강 상태를 가장 기본적으로 확인할 수 있는 혈압, 맥박, 체온, 호흡, 산소 포화도|이 안정하도록 유지하면서 절단된 다리 부분을 정리하고 골절된 팔에는 부목 처치를 하고 관찰했다.

다행히 환자는 서서히 안정되었고, 호흡도 자가 호흡이 가능할 정도가 되어서 자가 호흡하도록 기관지 삽관도 제거하고 환자와 의사소통도 하면서 회복을 기다렸다. 환자는 의식이 안정되고 전신 상태도 정상으로 회복되어 가는 중이었다.

그런데 어느 날 심각한 목소리로 나를 부르더니, 자기 몸을 보면서, 이런 꼴인 자기를 왜 살렸느냐면서 너무 슬픈 표정으로 항의 아닌 항의를 하였다.

그 모습에 당황하여 삶의 용기를 가지도록 여러 가지로 이야기하면서 위로하고 자신감을 회복하도록 도우려고 했다.

지금도 이 환자를 잊을 수 없다.

· 1978년 가을에

농흉 환자 이야기

어느 날 내 누이동생이 부탁이 있다며 찾아왔다.

자기가 일하는 유아원 원아의 가족인데, 숨이 차고 몸이 불편해서 병원에 갔더니 수술해야 한다는 것이었다.

가정이 경제적으로 어려우니까, 한번 만나보고 치료할 수 있으면 오빠 병원에서 수술해 주었으면 좋겠다고 했다.

무슨 병인지 알아야 이야기할 수 있는 것 아니냐 하고, 그동안 검사한 결과와 진단 사진 등을 가져오라고 말해 주었다.

다음날 검사기록과 엑스레이를 보니, 환자는 원래 기관지 확장증을 앓고 있었다.

찾아온 환자의 말에 의하면 열이 나고 기침과 호흡곤란이 오기 시작해서 병원에 갔더니, 기관지 확장증이 있는 데다 폐에 염증이 발생해 폐에 농이 생겨, 약물 치료는 도움이 안 될 것으로 판단되며, 수술을 통해서 확장된 폐의 일부와 곪은 부분을 제거할 필요가 있다고 진단받은 상태였다.

개인 의원을 하는 내가 감당하기에는 시설이나 수술 후 치료가 어려우리라 판단되어 종합병원에 가서 치료받는 편이 좋겠다고 권했다.

그러나 동생은 환자가 경제적으로 너무 어려워서 종합병원으로 갈 수는 없는 형편이니 어렵지만, 오빠가 할 수 있으면 해달라고 간청했다.

나는 도와주어야 한다는 의무감과 동생의 간곡한 부탁 때문에 수술하기로 마음먹고 수술 준비를 했다.

그러나 도와주는 조수(?)가 있는 큰 병원도 아니고, 혼자 수술하기에는 버거울 것 같아서 대학병원에 근무하는 후배 과장에게 이야기했다. 이에 후배는 전임강사 한 사람을 보내주겠다고 했고, 나는 고마운 마음으로 수술을 진행하기로 했다.

수술 당일 마취를 한 다음 가슴을 절개하고 보니 폐의 중심부에 성인 주먹만 한 농양이 돌덩이처럼 단단하게 자리 잡고 있어서, 해부학적으로 분리할 수 있는 상태가 아니었다.

나는 강사에게 더 이상 손대면 안 되겠으니 수술하지 않는 편이 낫겠다고 말하는 순간, "선생님 제가 한번 해볼까요?" 하면서, 내가 잡은 혈관 부위와 경계를 알 수 없는 농양 부위를 분리하려고 수술 가위를 움직이는 순간, 보이지 않던 혈관이 터지면서 농양과 섞여 피범벅이 되었다.

순간적으로 피가 솟구치는 부위를 급히 손으로 막고 터져 버린 농양을 흡입하였다. 그러면서 손상된 혈관을 찾아 눈으로는 구별할 수 없는 출혈 부위를 손으로 잡고 조금씩 지혈해 나갔다.

한참 동안 고생한 끝에 다행히 지혈은 되었지만, 그사이 수혈을 위해 사용한 혈액은 20파인트|pint: 액량, 건량 단위. 1파인트는 영

국에서는 0.568리터, 미국은 0.473리터나 되었다. 지혈 시간은 몇 분도 채 안 되었다.

나는 일단 숨을 돌리고 대학병원 후배 과장에게 전화해서 상황을 이야기하고, 여기서는 향후 치료가 힘들 것 같으니, 환자를 그곳으로 보내겠다고 약속하고 곧 환자를 후송했다.

후송 후 환자는 다행히 순조롭게 회복하여 식사도 하고 혼자 걸을 정도가 되었다. 한 달쯤 지나 며칠만 있으면 퇴원해도 되겠다고 낙관하던 중 수술 부위에 염증이 생겼고, 그것이 원인이 되어 환자는 패혈성 쇼크에 빠졌다.

패혈증 상태에서도 계속 치료했으나, 환자는 끝내 회복하지 못하고 치료 중에 사망했다.

한편, 보호자들은 언제 준비했는지, 환자가 사망한 당일 즉시, 나와 대학병원 흉부외과 과장을 상대로 고소하였고, 그 사실을 경찰서에 출두하라는 통지를 받고 알게 되었다.

환자를 후송 받은 후, 대학병원 과장은 환자의 생활 형편이 너무 어려운 사정이어서 병원에 읍소하여 행정적으로 시혜를 받도록 해주었다. 보호자들은 그동안은 너무 감사해하며 고마워했는데, 이런 사실에 그저 놀라울 뿐이었다.

· 1988년 가을에

* 진료 후기

언제부터인지 얼굴도 본 적 없는 가족이라는 사람들이 얼굴도 모르는 나이 많은 불구 할머니를 대동하고 아침부터 우리 병원 대기실에 몰려와서 진료를 방해하며 무조건 책임지라고 소란을 일삼았다. 이에 나는 당신들 마음대로 하라고 내버려두었다.

그런 일이 있고 난 후 약 3개월 정도로 기억하는데, 경찰 조사를 받고 검찰 조사까지 끝나자, 대학병원과 내 병원은 진료 과실이 없다는 무혐의 판정을 받았다.

그러자 무엇보다 놀란 사실은, 그동안 매일 같이 진료실에 와서 떠들며 진료를 방해하던 사람들은 어디로 갔는지 하나도 없고, 거동 불편한 불구 할머니 한 분만 와서 내 앞에 무릎 꿇고 애원했다.

우리는 먹을 것도 없고 살길도 막막하니 도와달라는 것이었다.

인간에 대한 배신이라는 느낌이 들었다. 그렇게 내 병원 진료실에 매일 여럿이 몰려와서 진료를 방해하며 책임지라고 떠들어대던 사람들은 다 어디로 갔는지. 인간에 대한 배신감과 서글픈 마음이 들던 일이었기에 적어본다.

공사장에서 추락

진찰실 밖이 소란하더니 들것에 실린 환자가 들어왔다.

사연을 물으니, 2층 공사장에서 추락하며 아래층에 세워놓은 철근 위로 떨어졌다고 한다.

40세가량의 젊은 남자였는데, 의식은 있었으나 격심한 통증을 호소하며 호흡하기 힘들어했다.

상처를 찾아보니 추락하면서 철근 두 개가 아래에서 위 방향으로 몸을 관통했는데, 복부를 통과하여 폐를 뚫고 목 부위까지 나와 있었다.

다행히 심장이나 중요한 혈관, 장기는 피하여 손상을 입어 환자의 생명에는 지장이 없어 보였다.

다시 수술실로 옮겨 정리를 하고 세밀하게 살펴보자, 철근은 복부를 관통해서 위, 간, 콩팥, 횡격막을 뚫고 폐를 관통하여 목 부위까지 나와 있었다.

수술은 손상된 위 부분을 절제 봉합하고 뒤이어 간과 신장 일부를 잘라내고 손상된 횡격막을 봉합한 후, 폐의 부위에 흉관을 삽입하고 수술을 마쳤다.

환자가 마취에서 깨어나자, 바이탈은 안정되었다. 의식도 돌아왔지만 자가 호흡이 힘들었고 가변하는 상태의 안정을 위해 기관 삽관을 한 채 수동식 인공호흡기로 호흡을 도와주며 관찰했다.

다행히 환자는 점차 순조롭게 회복하여 자가 호흡을 할 수 있게 되었다. 기관지 삽관을 제거하고 약 한 달간 입원 치료 후 건강을 되찾아 퇴원하였다.

· 1977년 여름 오후 어느 날

* 삶의 지혜

아들아!
책을 너의 친구로 삼아라
책꽂이나 책장을 네 기쁨의 밭과 뜰로 삼아라
책의 낙원에서 따스함을 느껴라
지혜의 과일을, 장미를 너의 것으로 만들어라
지혜의 향료를 맛보아라
너의 영혼이 흡족하거나 지쳤을 때는
뜰에서 뜰로, 밭에서 밭으로 풍경을 즐기는 것이 좋다
그러면 새 희망이 솟고, 너의 희망은 환희에 넘칠 것이다.

복막 절개

 복통을 호소하는 50세 전후의 남자 환자가 외래로 왔다.

 병력을 듣고 검사하여 이학적 소견과 엑스레이를 찍어보니 위 천공으로 인한 급성 복막염이 의심되었다.

 환자에게 설명하고 수술이 필요하다고 했더니, 자기는 몇 년 전에 위 천공으로 수술받았다고 한다. 그 당시 수술은 천공된 위를 그냥 봉합했다고 한다.

 나는 천공된 위가 또다시 천공될 수 있다고 설명해 주고 수술하기로 했다.

 준비를 마치고 보니, 상복부 중앙에 수술한 절개 흔이 있었다. 그래서 절개 흔을 도려내고 수술하기로 했다.

 피부를 절개하고 피하조직을 보니, 이상하게도 전에 수술한 흔적이 전혀 없었다. 복막도 깨끗한 것이, 수술로 열어본 흔적은 보이지 않았다.

 나는 복막을 열고 위의 천공된 부위를 찾아 봉합하고 더 이상의 수술을 조작할 마음이 없어 그대로 끝냈다.

· 1978년 여름 어느 날

* 진료 후기

　이런 경우는 내가 확인할 수 없는 예다. 환자는 수술을 받았다는데, 필자는 복막을 열고 수술한 흔적을 찾아볼 수 없었다.

　환자에게 다른 설명은 하지 않고 수술을 마쳤지만, 몇 년 전 위 천공으로 수술받았다는 환자의 설명만 듣고 마음속의 의문을 해결할 수 없었다.

* 삶의 지혜

　탄생할 때는
　양손을 꼭 거머쥐고 있다.
　이제 이 세상은 내 것
　절대 내놓지 않겠다는 것처럼.
　이 세상을 떠날 때는
　양손을 힘없이 펼치고 있다.
　이제 이 세상의 모든 것이
　내 것이 아니라는 것처럼.

관상동맥 우회로 조성

관상동맥 우회로 조성술은 지금은 보편화되어 여러 병원에서 쉽게 시행하고 있다. 또 우회술보다는 인공 스텐트 삽입으로 해결하는 게 보편화되어 있다.

우리나라에서 최초로 시행했던 관상동맥 우회술 수술 시 있었던 작은 에피소드가 기억나기에 적어본다.

그 당시 관상동맥 우회술 수술은 한국 최초였기에 매스컴의 관심도 많이 받고, 모두의 시선이 쏠려있었다.

수술은 순조롭게 진행되었다. 대동맥 부위와 좁아서 거의 막힌 관상동맥 가지를 찾아 분리하여 정리한 다음, 다리에서 새로운 관상동맥으로 사용 가능한 정맥을 찾아 대동맥의 기시부와 막힌 관상동맥 한쪽 끝을 찾아 연결해 주면 시술이 끝나는 장점이 있었다.

새로운 관상동맥의 기능을 해야 할 정맥혈관을 재단해서 옮기는 작업만 하면 끝나는 수술이었다.

문제는 이전의 데이터도 없고, 한국 최초로 경험도 전무全無한 시술이라는 점이었다. 이 때문에 혈관의 길이를 얼마나 할 것인지 기준을 알 수 없어서, 나와 담담 홍 교수님이 상의하여 결정할 수밖에 없었다.

   홍 교수님은 "닥터 김, 이 정도면 될까?" 하고 상의하면서, 우리는 적당하다고 생각하는 길이로 잘라서 연결했다.

   연결을 끝내고 혈관 겸자를 풀면서 피의 흐름을 확인하면 되는 상황인데, 문제의 발생은 혈관 겸자를 풀자마자 높은 동맥혈의 압력이 벽이 얇은 정맥을 통과하는 순간, 이식한 정맥 혈관이 순식간에 지렁이처럼 길게 늘어났다. 혈관은 우리가 예상하지 못한 길이가 되고 말았다.

   우리는 "아차!" 탄식하며, 이식한 혈관이 길게 늘어나리라고는 예상을 못 했기 때문에, 다시 다른 혈관을 적당하게 재단하여 한국 최초의 관상동맥 우회술을 시행했다.

   그날의 기억을 떠올려 보니 감회가 새롭다.

- 1977년 5월. 홍승록 교수님을 모시고 수술함.

* 삶의 지혜

   사람은 넘어지면
   길바닥의 돌멩이 탓부터 한다.
   돌이 없으면 언덕을 탓한다.
   언덕이 없으면 신고 있는 신발을 탓한다.
   사람은 자기 탓이라고 하지 않는다.
   마음의 문맹자이다.

자연유산 맨손으로 처치

르완다 내전으로 한참 혼란스럽던 1994년 여름, 필자는 르완다와 우간다의 국경도시인 고마 난민촌에서 이웃사랑회 회원으로 활동을 하고 있었다.

그때 있었던 일들이 생각나서 여기에 기록해 본다.

임시 입원실로 사용하기 위해 지은 천막 진료실에는 수십 명의 환자가 누워있고, 나는 별도로 작은 텐트를 치고 환자를 진찰하던 때였다.

갑자기 밖이 시끌시끌하더니, 누군가 젊은 여자[20세가량]를 안고 텐트 안으로 들어와서 바닥에 내려놓았다.

환자의 하체는 온통 피범벅이었다. 의식은 있었지만, 통증으로 몹시 괴로워하였다.

환자를 받고 상담과 진료 결과, 계속 하혈하는 상태였고, 그로 하여 자연유산이 하혈로 이어지는 것이었다.

시설이 없는 이곳에서 외과의사인 내가 할 수 있는 것이 없었지만, 환자를 그냥 둘 수는 없었다.

최선의 마음으로, 바닥[흙바닥]에 환자를 눕힌 다음, 신문지를 덮고 맨손에 장갑을 끼고 내진에 들어갔다.

출혈은 계속되고 있었는데, 자궁 경부는 내 손이 들어갈 수 있을 정도로 열려 있었다. 그래서 자궁 속으로 손을 넣어 태반을 꺼내고 나니 심한 출혈은 멎었다.

환자에게 전해질을 주입하면서 인근의 UNHCR 본부에 연락해 긴급 후송 차량|앰블런스가 아니라도|을 부탁했다. 다행히 연락이 닿아서 환자를 태워 전쟁 지역이 아닌 이웃|우간다| 나라로 응급 조치를 부탁하며 후송했다.

보호자를 찾았으나 함께 온 남편은 피 흘리는 아내를 보고는 겁을 먹고 도망갔다고 한다.

무사히 회복되기를 기도하며 보냈는데, 3일 후 그녀는 남편과 함께 내 덕에 자기가 살았다며 감사하다고 텐트로 찾아왔다.

· 1994년 여름 르완다 고마 난민촌에서

* **삶의 지혜**
  손으로 눈을 가리면
  높은 산이 숨듯
  매일의 생활이
  세계 곳곳에 있는
  아름다운 빛과 비밀을 가려버린다.
  눈앞의 방해물을 없애버리면
  마음속에 빛이 보인다.

피부이식을 한 소년 피엘Pier

Pier|피엘|이라는 소년은 처음 뱀에게 물린 팔의 상처가 아물지 않았다. 치료를 제대로 못 받는 탓에 팔의 피부가 괴사하고, 괴사한 부위가 확장되어서 피부이식이 필요한 상태였다.

르완다 시내에 병원이 있었지만, 피부이식을 위한 기구는 아무것도 없었다.

피부가 괴사한 부분은 상당히 넓어서 팔 전부를 피부로 덮어주어야 할 정도였다. 치료하기 위해서는 피부 편을 만들어야 하는데, 피부이식을 위한 기구가 없었기 때문에, 나는 임시방편으로 면도날을 이용, 우표 크기로 잘라 쓰려고 마음먹었다.

워낙 범위가 넓어서 불가능해 보였지만, 그냥 놔두면 팔을 못 쓰는 게 문제가 아니었다. 염증이 생기면 팔을 절단하거나 생명이 위험할 것이기에 무리한 욕심을 갖지 않을 수 없었다.

우선 상처를 깨끗하게 해야 하기에, 매일 아침저녁 열심히 소독했지만, 어느 날 아침 나는 환부 전체가 염증으로 뒤덮인 것을 보게 되었다. 더구나 염증의 색깔이 푸르스름한 농으로 덮여있었는데, 이 균에 감염되면 거의 100% 사망한다는 아주 고약한 악성 세균이었다.

나는 맥이 빠지고 답답한 심정에 사로잡혔다.

하지만 내가 이곳을 떠나기 전까지는 해결해 주고 싶은 마음에 주님께 매달렸다.

"주님! 이 어린이를 살려 주세요."

내가 할 수 있는 것은 그뿐이었다.

이제는 포기하고 한국으로 돌아가야 할 때가 왔다고 낙망하던 날 아침에도 치료를 위해 붕대를 풀어보았다.

놀랍게도 상처의 염증은 온데간데없고, 깨끗한 빨간 새살이 돋아나 있어, 나를 놀라게 했다.

나는 급하게 일정을 잡아서 떠나기 전날 수술하기로 했다. 또 한 가지 문제가 있었는데, 마취였다. 마취기는 있는데 마취 전문 의사도 없거니와 약도 없었다.

하는 수 없었다. 나는 가지고 있던 케타민이라는 진통제를 사용하기로 했다. 이 약은 진통 작용은 강하지만 어린이에게는 위험해서 통상 사용하지 않으며, 또 장시간 마취를 위해 사용하는 것은 더욱 위험했다.

그래도 그 방법 외에는 선택의 여지가 없어서 소량으로 정맥에 주입하면서 조심조심 피부 편을 우표 크기로 잘랐다. 대략 20편가량의 피부 편을 얻었는데, 소요한 시간은 4시간이 걸렸다.

더 이상의 케타민 투여는 위험하므로 중지하고, 떼어낸 조각만으로 부족한 대로 피부이식을 감행했다.

이식을 마친 후, 나는 그다음 날 귀국해야 했기에 남아 있는 의

사|소아과 의사였다|에게 치료 방법과 필요 사항 등을 자세하게 일러 주고, 한국에 가서도 계속 통화하기로 약속하고 떠났다.

다행히 결과는 좋았다. 기적적으로 100% 이식이 성공하여 팔도 절단하지 않고 치료가 되었다.

감사한 일이다. 이번 일은 의학적으로는 설명할 수 없는, 주님의 도우심이라고밖에 생각되지 않는 감사한 경험이었다.

· 1996년 6월 르완다에서

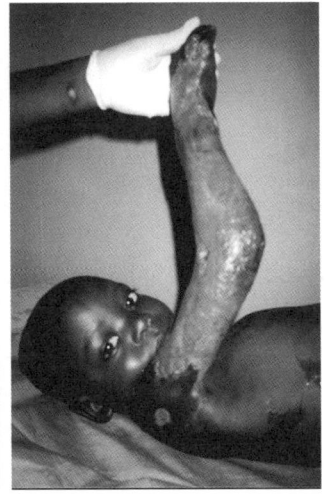

경운기 소년

밖이 몹시 소란하므로 응급환자가 오는구나 했다.

환자를 보자 10여 세가량의 소년인데, 경운기가 가슴 위로 넘어갔다고 한다.

환자는 아직 숨은 쉬고 있었지만, 몹시 힘들어 보였고 의식은 전혀 없는 상태였다.

숨 쉬는 모습을 살펴보았다. 진료 결과는 숨은 쉬고 있지만, 가슴이 호흡에 따라 움직이지를 못했다.

호흡을 위해 기관지 삽관하고 수동식 인공호흡기|ambu bag|를 연결하여 호흡을 도와주면서 환자의 상태를 살펴보았다.

늑골은 정상적인 게 하나도 없었다. 전부 골절되어서 그냥 흉벽 모양만 하고 있었다. 늑골은 조각조각 골절되어 흉벽의 기능을 전혀 하지 못했다.

수술실로 옮기고 마취한 후 다시 점검해 보니, 양측 늑골이 1번만 제외하고 전부 조각나 있는 상태였다.

부서진 늑골들을 하나하나 연결해서 모양을 만들고 흉골에 고정하여 흉곽 모양을 만들어 주었다.

다행인 것은 그 상황에서도 심장은 이상 없이 작동하고 있는 것이었다. 정말 기적과 같았다.

수술 후 환자는 중환자실에서 수동식 인공호흡기로 호흡을 보조했다. 자가 호흡으로 견딜 수 있을 때(?)까지 인공호흡기 호흡은 계속했다.

약 1주일 지나 수동식 인공호흡기를 제거하고 자가 호흡으로 유지할 수 있게 되었다.

두 달간 입원하여 치료 후 회복되어 퇴원한 어린 환자였다. 그때의 상황을 상기하며 기억을 더듬어 본다.

· 1978년 여름 어느 날

* 삶의 지혜

호주머니에는 언제나
두 가지를 적어 두는 것이 좋다.
그 하나에는
'나는 먼지와 재에 지나지 않는다.'
또 하나에는
'이 세상은 나를 위하여 창조되었다.'

선천성 대장 용종(total colectomy)

내가 군의관으로 통합병원에 근무할 당시 있었던 일이다.

이 환자는 복통, 설사, 장 계통의 불편을 주 증상으로 호소하며 외래 진료실에서 만났다.

환자는 어느 정도 자기 병의 증상에 익숙해져 있었고, 그때마다 적응하면서 약을 복용하며 지내고 있다고 말했다.

집안 병력으로 부친이 30대 후반에 돌아가셨는데, 자기와 비슷한 증상으로 고생을 많이 했다는 이야기를 들었다.

나는 항문 검사를 하며 직장의 하부에서 상당한 크기의 용종이 여러 개 촉지되는 것을 확인하고 대장 조영술을 하기로 했다.

예상은 했지만, 대장 전반에 용종이 셀 수 없을 정도로 꽉 차 있었다.

병명은 가족성 샘 종 폴립종|Familial polyposis coli|으로 진단했다.

이 병은 유전성이 있으며, 이 병에 걸리면 100%가 40세 이전에 암으로 이행되며, 대개 일찍 사망하는 것이 특징이다.

나는 환자에게 설명해 주고, 아버님도 이 병 때문에 일찍 돌아가셨을 것이라고 말해 주었다.

그리고 치료는 대장 전부와 항문을 제거하고, 소장을 이용하여 복벽에 인조 항문을 만들어 주는 것이 치료의 목적이라고 설명해 주었다.

대장이 없는 상태로 소장이 항문을 대신하기 때문에, 평생 설사와 싸우며 살아가야 한다고 치료 결과를 설명해 주었다.

환자는 며칠 생각해 보더니 수술받겠다고 해서 대장 전부와 항문까지 제거한 후 복벽을 통해 회장을 노출하여 항문 기능을 하도록 수술하였다.

대장 절제와 회장루 형성술|procolectomy with ileostomy| 후, 환자는 제대 대상이기에 1974년 여름 대전 통합병원에서 조기 제대했고, 우리는 헤어졌다.

환자가 제대한 후, 필자는 모교에 잠깐 있다가 다시 종합병원에서 근무하다가 외과의원을 개업한 무렵이었다.

어느 날 환자가 찾아와서 인사를 하며 진료를 시작하려는데, "선생님 저를 모르시겠어요?" 한다.

나는 누구인지 기억이 없기에 누구냐고 물었다.

"선생님께서 수술해 주셔서, 지금까지 잘 살고 있는 ○○입니다. 우연히 지나가다 선생님 이름의 간판을 보고 들어왔는데, 맞네요, 제가 수술받은 지 벌써 20년이나 되었어요. 선생님 덕분에 수술받고 지금까지 잘 살고 있습니다."
하면서 수술한 자리와 자기의 복부를 보여주었다.

· 1994년 여름의 어느 날에

몽골 윤○○ 선생

1999년 8월 17일 튀르키예에 큰 지진이 발생했다.

이 이야기는 좀 특이하다.

어느 날 가까운 친구에게서 전화가 왔다.

그 친구는 경기도의 한 도시에서 개업하고 있었는데, 가까운 의사회원끼리 모이는 오래된 모임이 있다며, 모두가 술을 좋아해서 주로 정기적으로 모여서 술 먹는 모임이 되었다고 했다.

그런데 얼마 전 모임의 한 분이 이야기하기를, '내가 지금까지 열심히 환자도 보고, 그 결과 경제적으로도 여유가 생겨서 이렇게 자주 모여서 술을 마신다. 그런데 이제 나이 60에 이르러 생각해보니, 좀 좋은 일을 해보고 싶은데, 어떻게 하면 좋겠느냐?' 상의하기에, 나를 소개하며 만나보라고 추천했다는 것이다.

그분은 정형외과 전문의였다.

시간 약속을 하고 만나보니 성실해 보이고 인상도 좋고 말하는 게 진심으로 느껴졌다. 그 후부터 자주 만나면서, 나는 그 당시 내가 관계하던 아프리카 르완다의 병원을 소개하며, 그곳에 가시면, 어떻겠느냐고 의향을 물었다.

아프리카는 너무 멀고 생소해서 용기가 안 난다고 하기에, 나는 몽골에 있는 병원을 소개하며 상황을 설명했다. 그러자 쾌히 찬성하며, 몽골에 갈 채비를 하기로 약속했다.

몽골의 병원은 세브란스 병원과 인연이 있어 준비 중이었는데, 1999년 8월 17일 터키(튀르키예)에 대규모의 지진이 발생했다.

나는 이웃사랑회의 긴급 구호 팀원으로서 터키로 가기로 했다.

한편, 윤 선생은 아직 몽골에는 가는 일정이 정해진 것이 아니라 기다리는 중이었다.

내가 준비하다 생각해 보니, 그곳은 지진 지역이므로 외과의사도 필요하겠지만, 정형외과 의사가 더 필요할 것 같다는 생각이 들기에 같이 가겠느냐고 의향을 물었다.

그가 동참하겠다고 해서 함께 가게 되었다.

그분은 몸을 사리지 않고 우리가 걱정할 정도로 열심히 환자를 돌보았다.

"김 박사님, 나는 지금까지 의사가 돈에 신경 안 쓰고, 오직 환자 진료하는 일이 이렇게 행복한 줄 몰랐어요."
하고 말하는 것이었다.

내가 듣고 싶은 이야기는 이 한마디였다.

튀르키예에서 돌아온 후 그분(윤 박사)은 몽골의 병원에서 의료선교사로 10여 년 봉사하시고 귀국하여, 지금은 조용히 지내시는 것으로 알고 있다.

· 1999년 8월 터키에서 있었던 일

평양 제2인민병원에서의 아픈 기억

대북 지원에 많은 행사들이 진행되던 시절, 나를 서글프게 한 기억이다.

당시 '이웃사랑회'는 대북 지원 일환으로 임신한 젖소 400두를 몇 번에 나누어 북한에 지원하고, 여기서 생산되는 우유는 고아원에 공급하며, 젖소 관리는 이웃사랑회에서 전적으로 책임지고 하는 조건으로 일하던 시기였다.

정기적으로 젖소 관리를 겸해 북한을 방문하던 때였는데, 기회가 있어서 작업에 참여하면서 자연스럽게, 내가 의사인 관계로 병원 방문 일정이 추가되었다.

필자가 방문했던 병원은 평양 시내에 있는 평양시 제2인민병원이었다. 필자가 하고 싶은 이야기는 병원 규모나 시설을 말하고자 함이 아니다. 그러한 이야기를 한다는 것은 의미도 없고 실제로 할 필요를 느끼지 않지만, 내가 의사이므로 느꼈던 아픔을 공유하고 싶은 마음이 있기 때문이다.

원장실에서 의례적 환영 인사와 차를 마신 후 병원을 둘러보게 되었다.

원장실에서는 병원을 운영하는 데, 부족한 것도 없고, 필요한 것이 없는 만족한 곳이라고 말하던 원장은 복도로 나와 두 사람만이 걷게 되자, 내 귀에 조용히 말하기를, 자기는 의사로서 할 수 있는 일이 아무것도 없다며, 환자를 볼 수 있는 장비나 시설이 없다고 했다(원장실에서는 안내한다는 명목으로 보안요원이 동석해 있었다).

병원 복도를 걸으며, 우리는 병실을 방문해 보기로 했다. 소아병원이므로 병실에는 어린아이들이 주로 입원해 있었는데, 내가 첫눈에 환자라고 보기에도 표정이나 의복들이 어울리지 않는 부모(엄마)들이 있었다.

옷차림이나 외모가 환자나 보호자 같이 보이지 않기에 한 엄마에게 인사하며 아이가 어디가 아파서 입원했느냐고 물어보니, 그녀는 당황해하며 얼굴이 붉어지고 말을 못 하기에 더 이상 묻지 않고 다른 방으로 가 보았다.

더욱 내 눈에 보이는 놀라운 사실은, 남한에서 온 것으로 믿어지는 내시경 기구가 포장도 뜯지 않은 채 병실에 있는 것이 보였다.

또 임상병리실에 들어가 보니 검사를 위한 시약장은 보이지도 않고, 수도관은 언제 사용했는지 녹이 슬고 거미줄이 보였으며, 테이블 위에는 우리가 중학교 시절에 사용했던 옛 현미경 한 대가 먼지를 뒤집어쓰고 있는 것이 보였다.

무엇보다도 가슴을 아프게 했던 것은 정맥주사를 위한 수액을 직접 만든다기에 확인하기 위해 현장에 가 보니, 보일러로 끓는

물을 파이프를 통해 내보내며, 수증기가 파이프를 지나는 동안 물이 되어 모이는 것을 맥주병에다 받아서 냉장고에 보관해 두고 사용한다고 했다.

그 당시 할 말을 잃었던 기억이 떠올라 분단의 아픔이 말로만이 아니라, 공산당에 대한 미움과 이러한 환경에서 살아야 하는 같은 동포에 대한 미안함과 죄송함이 가슴을 아프게 했다.

하루속히 하나님의 뜻 안에서 남북한 통일이 이루어지기를 기도하는 마음을 가지고 있는 나 자신의 안타깝고 부끄러운 기억이기에 기록해 본다.

· 2001년 6월 평양을 다녀와서

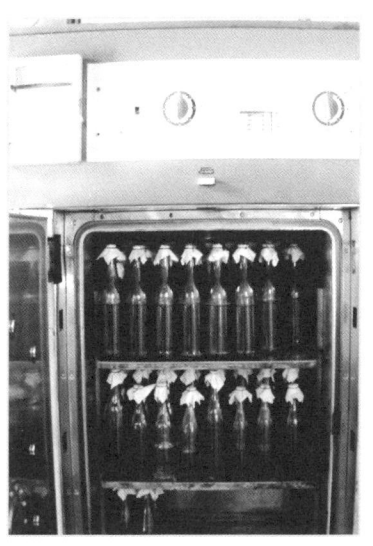

수액을 담아 냉장고에 보관해 놓은 맥주병

제3부
내 삶에 모닥불을 피우며

나는 여린 새벽빛으로 영혼을 씻는 순례자이고 싶습니다. 나는 늘 행복을 사색하는 가난한 자로, 가진 재산이란 꿈의 조각들뿐입니다. 당신이 내 삶의 목적지라는 것을 알 수 있다면, 나는 내 마음의 작은 등불을 사랑의 별로 삼을 것입니다. 돌아오기 위해서는 떠남이 필요한 것처럼, 언제인가 나는 꽃이 되어 다시 태어날 것입니다.

한 알의 씨앗은 창조자

한 알의 씨앗 속에는 생명이 있습니다.

그 생명은 불멸의 자연법칙에 순응하여 새로운 경이로움을 창조합니다.

그때 대지의 도움이 필요합니다.

그 보이지 않는 무한의 힘이 밤낮으로 작용하지 않으면 씨앗에서 새 생명을 얻을 수가 없습니다.

그러나 메마른 대지를 풍요롭게 하기 위해서는 비와 이슬이 필요하고, 태양이 땅속에 묻힌 씨앗이나 뿌리에 적당한 열을 주어 생명을 싹틔우고 가꾸어야 합니다.

이렇듯 한 알의 씨앗이 생명을 얻어 성장하는 것은 자연의 섭리입니다.

우리는 생명의 비밀과 그 참뜻을 알지 못합니다.

그것은 무게도 없고 부패도 없습니다. 그러나 생명은 힘을 가지고 있습니다.

성장하는 뿌리는 바위를 깨뜨리지 않습니다.

생명을 얻은 씨앗은 자라서 큰 나무가 되어, 몇백 년을 살아갑니다.

생명은 생존의 예술가입니다. 그것은 생물의 모습을 만들고, 식물의 잎을 도안하고, 꽃과 열매를 빛깔로 가꾸면서 완성합니다.

생명은 음악가입니다.

이웃의 새들에게 사랑의 노래를 부르게 하고 벌레들까지 속삭이게 하는 친절을 베풉니다.

생명은 인간에게 복잡한 소리의 진동을 자유롭게 다룰 수 있는 특별한 능력을 주었고, 그 소리를 표현할 수 있는 희로애락喜怒愛樂의 감정을 마련해 주었습니다.

이제 노년의 나는 끝없는 생명의 신비를 생각하며, 이 생명의 원천이 무엇일까 하는 깊은 사념에 사로잡혀 봅니다.

✟ ✟ ✟

삶을 지배하는 힘

당신이 인생을 변화시킬 수 있는 놀라운 능력을 알지 못하는 것은, 마치 자기 집 뒤뜰에 다이아몬드가 묻혀 있다는 사실을 알지 못하는 것과 같다.

평범한 인생을 보내는 사람들이 대부분이고, 비참한 삶을 보내는 사람도 적지 않다. 그것은 자신이 지닌 능력을 깨닫지 못하고 활용하지 않기 때문이다. 당신은 자신의 인생과 더불어 투쟁하려고 하여서는 안 된다. 당신의 삶을 다스리도록 노력하라. 이 진리를 하루라도 빨리 깨달아야 인생의 길을 달려갈 수 있다.

삶의 발걸음

밤이 고요히 깊어져 가고 있습니다.

오늘도 메마른 생존경쟁에 힘겨웠습니다.

이 밤이 지나고 나면 새로운 태양을 맞이한, 우리는 삶의 문턱을 나서야 합니다.

'삶을 위한 노동.'

인간의 생명은 피와 땀을 흘리며 생존하는 수레바퀴 삶인지도 모릅니다.

그러나 지금 세상은 고요합니다. 휴식의 시간입니다.

우리의 인생이 무의미하고 덧없는 삶이라고 할지라도, 이 고요한 휴식의 시간이 있다는 것은 얼마나 고마운 일입니까?

이 휴식의 시간에 마음의 문을 열고 하루의 잘못을 반성하고, 새로운 내일을 약속하는 다짐은 중요한 삶의 발걸음입니다.

아직 살아있어서 일할 수 있는 기쁨을 갖게 되는 시간이 바로 잠들기 전의 휴식이 아닐까, 생각해 봅니다.

하지만 행동할 줄만 알고 생각할 줄 모르는 일상은 불행합니다. 비록 잠들기 전, 이 짧은 휴식 시간에 지난 잘못을 뉘우치고 내일을 바라보는 생활의 즐거움은 천만금을 주고도 바꾸지 못할 귀중한 자기 발전입니다.

 행동한다는 것은 생존의 표현입니다. 그러나 생활의 밑바닥에서 고요히 반성하는 시간을 갖지 못하는 것은 덧없고 무가치한 삶의 낙오입니다.

 그러므로 목적이 없는 노동은 생활의 빛이 될 수 없습니다.

 우리의 연약한 생각이 비록 열매를 맺지 못한다고 할지라도, 생각한다는 그 자체가 생활의 높고 깊은 지혜임에는 틀림없을 것입니다.

 밤이 깊어져 갑니다.

 고요히 눈을 감고 다가오는 삶의 발걸음에 귀를 기울여 보면, 어떻겠습니까?

✟ ✟ ✟

삶에는 공식이 없다

 한 그루의 나무가 자라기 위해서는 적당한 땅과 공간, 햇볕과 수분이 필요하듯 인간이 삶을 영위하려면 생존 조건이 반드시 갖추어져야 한다.

 한편, 기회 포착에 대한 능력이 부족하면 삶의 길을 잃어버리거나 낙오자로 추락한다. 설사 좋은 기회를 얻게 되더라도 한순간의 결정적인 선택이 인생의 모든 것을 좌우한다.

 이렇게 삶을 통해 얻어지는 성공과 실패는 자신과의 싸움에서 쟁취한 결과이다. 그러므로 삶에는 공식이 없다.

봄은 부활의 계절

봄은 부활의 상징입니다.

혹한의 어두운 땅속에 죽은 씨앗이 따뜻한 봄볕에 새로운 생명으로 부활합니다.

자연은 죽음과 부활의 깊은 뜻을 우리에게 말해 주고 있습니다.

그러나 자연에서 볼 수 있는 부활은 죽음의 지배를 받습니다. 그것은 죽음에서의 부활입니다.

봄이 피었다가 지고, 풍요로운 여름이 가을로 낙하하면, 죽음의 겨울을 맞이하지 않을 수 없습니다.

네 계절四季의 순환은 생명의 무상無常함을 뜻하고 자연은 죽음에 기대어 있을 뿐입니다.

자연에 있어서 죽음은 마지막 단계의 언어이지만, 그리스도의 부활은 자연의 질서를 초월하여 영원한 생명을 뜻합니다.

지상에서의 하루는 끝이 있습니다. 그러나 그리스도의 부활은 영원합니다.

그리스도의 부활은 새로운 영원한 생명에의 부활입니다.

그의 부활로 하여 영원에의 문을 열었습니다.

부활을 믿는 사람은 영원을 믿을 수 있는 신앙입니다.

영원을 믿는 사람은 하나님을 믿을 수 있는 사람입니다.

하나님은 삶과 죽음의 끝없는 순환에 좌우되지 않는 영원한 생명이시기 때문입니다.

그리스도의 부활은 너무도 큰 기적입니다.

십자가는 부활과 떨어질 수 없는 한 몸입니다.

고난의 십자가를 통하여 승리의 부활을 바라보는 믿음이 없다면, 그리스도의 신자라고 할 수 없습니다.

부활은 죽음에 대한 삶의 승리입니다.

시간에 대한 영원의 노래입니다.

그것은 하나님의 섭리입니다.

하나님은 죽은 자의 하나님이 아니라, 살아 있는 자의 하나님이기 때문입니다.

† † †

마음이 빛깔

사람의 마음은 불꽃과도 같아 인연에 닿으면 타오른다.

사람의 마음은 번개와도 같아 잠시도 머무르지 않고 순간에 소멸한다.

사람의 마음은 허공과도 같아 뜻밖의 연기로 더럽혀진다.

사람의 마음은 원숭이와 같아 잠시도 가만히 못 있고 계속 움직인다.

사람의 마음은 그림을 그리는 붓과 같아 온갖 모양을 그려낸다.

꽃의 마음

소리 내어 웃지 않아도
꽃은 웃고 있습니다
소리 내어 울지 않아도
꽃은 울고 있습니다

소리 내어 웃지 않아도 웃고 있는 사람의 표정은 아름답습니다.
소리 내어 울지 않아도 울고 있는 사람의 마음은 슬픕니다.
아무리 불행한 사람이라고 할지라도 때로는 웃을 때가 있을 것입니다.
아무리 행복한 사람이라고 할지라도 때로는 울게 되는 것이 우리 인간의 정서입니다.
오늘 웃는 사람이 내일 울지도 모릅니다. 오늘 우는 사람이 내일 웃을지도 모르는 것이 인간의 삶입니다.
우리는 이와 같은 체험을 경험하고 있습니다. 경험이라기보다 거대한 사건을 목격해 온 것입니다.
어제까지 웃고 있던 사람이, 오늘은 울고 있습니다. 어제까지 울던 사람들이, 오늘은 웃고 있습니다.

이것이 역사의 심판이라고 생각할 때, 우리는 그 앞에서 숙연해지지 않을 수 없습니다.

사람은 누구에게나 외로움이 있습니다. 사람은 누구에게나 슬픔이 있습니다.

그러나 남모르는 기쁨, 남모르는 웃음이 있다는 것을, 우리는 부인할 수가 없습니다.

남에게 알려진 기쁨이나 행복보다 남에게 알려지지 않은 기쁨과 행복이 더 소중하다는 것을 생각해 보면 어떨까요.

지금 나 자신은 조용히 웃어보고 싶습니다. 나 자신을 위해 조용히 울어보고 싶습니다.

꽃의 마음을 갖고 싶습니다.

✟ ✟ ✟

마음을 비우는 지혜

갈대밭에 바람이 불면 갈댓잎이 수런수런 소리를 낸다. 그 바람이 지나가면 언제 그랬냐는 듯이 조용하다. 소리가 남지 않은 탓이다.

기러기가 고요한 호수 위를 나르면 그림자가 물 위에 비친다. 그러나 기러기가 지나가고 나면 그림자는 남지 않는다.

눈앞에 일이 생기면 마음이 움직이는데, 일이 끝나고 나면 과연, 우리의 마음은 비워지는 것일까?

이렇게 마음을 비울 수만 있다면 건강한 육체에 밝은 정신이 깃들 것이다.

다시 걷고 싶은 산길

　어렸을 적에는 산길이 아니면, 숲길을 헤치며 학교에 갔습니다.
　지금 도시에 살면서부터는, 나의 기억에서 어렸을 때 다니던 숲길이며, 산길이 희미해져 가고 있습니다.
　이제는 그 길이 그리워집니다. 다시 걸어 보고 싶기도 합니다. 그것은 다시 돌아올 수 없는 꿈인 것만 같습니다.
　그러나 다시 그 길을 걷는다고 해도, 그 길은 내가 어렸을 때 걷던 길이 아닐 것입니다.
　흐르는 강물처럼 그 길은 영영 돌아오지 않는 곳으로 흘러갔습니다. 길만 흐른 것이 아니고, 나 역시도 세월의 배를 타고 흘렀습니다. 슬프기도 하고, 기쁘기도 한 길은 멀리 흘러갔습니다.
　어떤 때는 숲속을, 때로는 낭떠러지를 가슴 아프게 오늘에 이른 것입니다.
　이제는 그 길이 짧은 길이 되기도 하고 꿈과 슬픔이 되기도 합니다.
　비록 같은 길이라고 할지라도, 어떤 사람에게는 즐거움과 기쁨일 수 있고, 다른 사람에게는 고독과 슬픔이 되기도 할 것입니다.
　그러나 나는 나만의 그 시골길을 생각합니다. 산길이며 숲길을 생각합니다. 다시 걷고 싶은 옛길을 마음속에 그려보기도 합니다.

하지만, 다시 걸을 수 없는 길이 되었습니다. 흘러간 구름이 되돌아오지 않듯이 흘러간 인생은 되돌아올 수 없습니다.

이제는 내가 걸어온 길이 아니라, 앞으로 걸어갈 길을 조용히 생각해 보아야겠습니다. 노래와 또 다른 꿈이 될지, 슬픔과 눈물이 될는지도 알 수 없는 길을 생각해 봐야 하겠습니다.

✞ ✞ ✞

한 번쯤은 위를 보며 걷자

두 어깨를 활짝 펴고 고개를 높이 쳐들어라. 하루에 한 번쯤은 위를 보며 걷자. 그러면 한 그루의 나무나 최소한 눈높이만큼의 푸른 하늘을 어디에서나 볼 수 있으리라.

그렇다고 푸른 하늘만을 염원할 필요는 없다. 어떤 방법으로도, 우리는 밝은 태양의 빛을 자유로이 누릴 수 있지 않겠는가.

매일 아침 한순간만이라도 하늘을 올려다보는 일상의 습관을 갖도록 하라. 그러면 당신은 신선한 대기를 마음껏 호흡할 수 있는 만족감을 느낄 것이다.

이러한 마음가짐으로 하루를 맞이하고 보내게 될 때, 당신은 그 나름의 모습으로 자기만의 특별한 광채를 지니고 있다는, 사실을 깨닫게 될 것이다.

앞산 소나무

나는 하루하루를 살아가면서 어려움이나 아픔을 겪을 때면, 버릇처럼 앞산 위에 서 있는 한 그루의 늙은 소나무를 바라봅니다.

비바람이 몰아치는 날이나 눈이 뒤덮이는 암울한 날에도 흐트러짐 없이 꿋꿋이 서 있는 소나무의 우아한 모습, 수명은 알 수 없지만 보기에도 안쓰럽게 굽어진 자세는 모진 세월을 견디어 온 인고의 표상임을 증명하고 있습니다.

비록 저 소나무는 아름답지는 못하지만, 봄, 여름, 가을, 겨울 내내 푸른 모습으로 그 자리에 서 있습니다.

언제 보아도 싫지 않은 그 모습, 언제 보아도 희망과 용기를 북돋아 주는 모습을, 나는 저 늙은 소나무에서 발견합니다.

어려움을 극복하며 서 있는 모습, 무서운 시련에 항거하면서 서 있는 모습, 푸름의 지조를 지키면서 서 있는 그 모습을 바라보노라면, 지난날의 내 젊음이 되살아납니다.

아무도 다듬어 주는 이 없고, 아무도 돌보아 주는 이 없어도 홀로 십 년, 백 년을 쓰러지지 않고 살아가는 백절불굴의 자랑스러운 용기가 너무나 부럽습니다.

삭풍이 몰아치는 겨울, 주위의 모든 풀과 이방인 같은 잡목들은 말라도 소나무만은 푸른 잎을 돋보이며 절개를 지키는 그 모습이 너무나 거룩해 보입니다.

마을 입구나 집안 뜰 안에 자라나 있는 소나무는 보살핌으로 자라고 있지만, 산에서 자라는 저 소나무는 자연의 순결과 야생을 지니고 살아가고 있는 모습이 큰 교훈을 주고 있습니다.

갖가지 질병과 노쇠가 나를 엄습하고 생활의 어려움이 억압해도, 저 소나무처럼 *꿋꿋이* 살아가야겠다고 다짐해 봅니다.

✝ ✝ ✝

우리를 슬프게 하는 것들

타향에서 살고 있는 사람들의 마음속에는 두고 온 고향과 어린 시절의 집과 작은 뜰이 항상 자리 잡고 있어서, 삶이 고통스러우면 그만큼 자유스러운 시간을 보냈던 순간을 떠올리게 된다.

소년 시절을 보냈던 숲과 개울의 물장구, 자주 말썽을 일으키며 장난질을 치던 어둑어둑한 방과 진지한 표정을 짓는 늙으신 부모님의 모습이 사랑과 근심, 약간 꾸중하는 빛을 띠며 나타나기도 한다. 손을 뻗어 그 영상을 잡으려 하지만 헛된 일이다.

그러면 걷잡을 수 없는 슬픔과 고독이 엄습해 오고 그 위에 큰 형상들이 어둠처럼 덮쳐온다.

닫힌 마음 열린 마음

인간에게는 닫힌 마음과 열린 마음이 있습니다.
닫힌 마음의 소유자는 옛 추억만을 떠올리며 살고 있지만
열린 마음의 소유자는 앞날을 바라보고 희망 속에서 삽니다.
폐쇄적인 인격과는 이해심이 불편해서 통하지 않지만
개방적인 인격과는 쉽게 화합할 수 있었습니다.
닫힌 마음은 과거가 현재를 지배하게 하지만
열린 마음은 현재의 삶을 미래를 향해서 열어 둡니다.
닫힌 마음의 사람은 스스로 단절된 고립 속으로 몰아넣습니다.
이러한 사람은 교만하거나 까닭 없이 열등의식에 사로잡혀 있습니다.
다른 사람의 입장과 그의 어려움을, 바로 자신의 고통으로 생각하고 이웃을 자신의 몸같이 생각하는 사람은
열린 사람의 마음입니다.
그의 마음은 맑고 푸릅니다.
자신이 갇혀 있는 감옥의 문을 열어야 합니다.
닫힌 마음의 문을 열지 않으면 그리스도의 말씀을
아무것도 받아들일 수가 없습니다.

활짝 열린 마음으로 듣고 그 말씀을 마음 깊이 뿌리 뻗게 하는 것만이, 우리가 할 수 있는 일입니다.

그러면 우리는 절망에서 위로받을 수 있습니다.

깊은 마음과 열린 마음의 소유자

그의 마음은 변함없이 하나님을 향해서 열려 있고

하나님이 그를 붙들고 있다는 믿음이 삶 속에

깊이 뿌리를 내리고 있습니다.

나는 이 깊은 곳에 뿌리를 내리는 열망에 잠겨 있습니다.

✝ ✝ ✝

작은 지혜

달도 별도 뜨지 않는 깜깜한 밤, 호젓한 골목길을 한 사내가 걸어가고 있었다.

그때 반대편에서 등불을 켜 든 사람이 마주 걸어왔다. 그는 앞을 못 보는 장님이었다.

이에 이상하게 생각한 사내는 장님에게 말을 건넸다.

"여보시오. 당신은 앞을 못 보는 것 같은데, 등불은 왜 들고 다니십니까?"

그러자 장님은 태연하게 대답했다.

"눈 뜬 사람들에게 내가 걷고 있다는 사실을 알도록 한 것이지요."

한쪽 문이 닫히면 다른 쪽 문이 열린다

이 세상에서 버릴 사람은 아무도 없습니다. 또 이 세상에서 버릴 물건은 아무것도 없습니다. 저마다 쓰일 때가 있고 쓰일 곳이 있는 법입니다.

둥근 돌멩이는 둥글어서 쓸모가 있고, 모난 돌멩이는 모가 져서 쓸모가 있습니다.

저마다 제 자리를 얻는 것이 중요합니다. 그것이 적재적소適材適所입니다. 적재를 적소에 갖다 놓으면, 빛을 발하고 값어치가 훌륭해집니다.

세상엔 제자리처럼 중요한 것은 없습니다. 누구를 어떤 자리에서 일하게 하느냐, 어떤 물건을 어느 위치에 놓느냐, 그것을 아는 것이 사람을 보는 총명이며, 사람을 쓸 줄 아는 지혜입니다.

사람을 쓸 줄 안다, 리더십이 있다고 하는 것은 그 사람이 무슨 재주와 능력이 있는지를 바로 알아서 적재를 적소에 배치하는 지혜와 기술이 뛰어나다는 말입니다.

세상에 버릴 사람은 한 사람도 없습니다. 다만 쓸 줄 모르기 때문에 버릴 사람같이 느껴질 뿐입니다.

세상에 버릴 물건은 하나도 없습니다. 요긴하게 쓰는 방도를 모르기 때문에 폐물처럼 느껴질 뿐입니다.

저마다. 제자리에 바로 갖다 놓으면, 모두 유용하게 쓰일 수 있습니다. 이는 한쪽 문이 열리면, 다른 쪽 문도 열린다는 반작용의 이치와 같습니다.

✟ ✟ ✟

은혜

앵무새 한 마리가 살던 곳을 떠나 다른 산에 머무른 적이 있었다. 그곳에 사는 온갖 새와 짐승들은 앵무새를 몹시 사랑하였다.

어느 날 앵무새는 자기가 살던 곳으로 다시 돌아왔다. 그런데 얼마 후 자신을 사랑해 준 새와 짐승이 사는 산에 큰불이 났다. 앵무새는 그 소식을 듣자 곧장 날아가 자신의 날개에 물을 흠뻑 적셔 불을 끄기 위해 사력을 다했다.

이를 지켜본 산신이 말했다.

"앵무새야, 네 작은 날개에 묻은 물로 불을 어찌 끌 수 있느냐?"

"저도 알고 있습니다. 그러나 예전에 제가 이 산에 있을 때 모든 새와 짐승들이 저를 형제처럼 매우 사랑했습니다. 그때 입은 은혜를 어떻게 모른 척할 수 있겠습니까?"

산신도 마침내 앵무새의 생각에 감동하여 곧장 비를 내렸다.

자부심은 인생의 평균대

세상에는 세 종류의 인간이 있습니다.

자기를 과대평가하는 사람, 자기를 과소평가하는 사람, 자기를 정당하게 평가하는 사람입니다.

많은 사람이 자기 과신의 과대평가 병에 걸리기 쉽습니다. 이것을 우리는 교만, 또는 자만이라고 말합니다. 자신감이 있는 것은 좋은 일입니다.

그러나 다섯 가지의 능력밖에 없는 사람이 열 가지 능력이 있다고 자만한다면, 이것은 자기 자신을 모르는 일입니다.

많은 사람이 자기 능력을 과대평가한 나머지 사업을 벌이다가 실패의 쓴잔을 마십니다. 그러므로 우리는 자만이나 교만의 병에 걸리지 않도록 조심해야 합니다.

그러나 자기의 능력이나 가치를 실제보다 훨씬 적게 평가하는 것도 잘못입니다. 그것은 비굴이며, 자멸입니다.

자만이 인간의 병인 것처럼 자멸도 병입니다. 그는 자기 자신을 모르는 사람입니다.

우리는 자만해서도 안 되지만, 자멸해서도 안 됩니다. 너무 자기를 과대평가해도 안 되고 과소평가해서도 안 됩니다.

자만과 자멸의 중용中庸은 자부심입니다. 스스로 자기 자신을 알고 자기의 힘을 믿는 것이 자부심입니다. 그러므로 저마다 자부심을 가지고 정당한 인생의 길을 가야 합니다.

✝ ✝ ✝

마음을 비우면 내가 보인다

마음속에 불만이 없으면 몸이 편하다.
마음속에 자만이 있으면 존경심을 잃는다.
마음속에 욕심이 없으면 의리를 행한다.
마음속에 노여움이 없으면 말씨도 부드러워진다.
마음속에 용기가 있으면 뉘우침이 없다.
마음속에 인내심이 있으면 일을 성취한다.
마음속에 탐욕이 없으면 아부하지 않는다.
마음속에 잘못이 없으면 두려움이 없다.
마음속에 흐림이 없으면 항상 안정을 가질 수 있다.
마음속에 교만이 없으면 남을 공경한다.

혀는 마음의 붓, 말은 인격의 그림

우리는 날마다 대화를 주고받으며 생활하고 있습니다.

어떤 이야기는 참으로 재미있고 들을 만한 내용이 담겨 있습니다. 하지만 어떤 이야기는 수다스럽고 들을 재미가 없습니다.

왜 이런 차이가 생길까요? 좋은 대화를 나누는 비결은 무엇일까요. 인간의 생활은 대화의 생활입니다.

대화가 우리의 생활에서 차지하는 비율은 높고, 그 가치는 크고 그 기능은 매우 중요합니다.

첫째로 대화에는 진실성이 있어야 합니다.

거짓말은 가치가 없을 뿐만 아니라, 나와 상대를 함께 해치게 됩니다.

우리는 진실한 말에 귀를 기울입니다. 진실한 말만이 인간을 감동하게 할 수 있습니다. 거짓말은 말로서의 자격이 없습니다.

두 번째는 식견이 높아야 합니다.

식견이 없는 말은 횡설수설이 되거나 알맹이가 없는 잡담이 되기가 쉽습니다. 식견은 말하는 사람의 인격의 표현입니다.

우리는 안목과 판단을 하고 대화를 나누어야 합니다.

세 번째는 그 말이 즐거워야 합니다.

남에게 불쾌감을 주는 말은 대화로서 낙제입니다. 말하는 태도와 음성이 남에게 유쾌한 감정을 주어야 합니다.

마지막으로 대화에는 재치가 있어야 하며, 특별한 지혜가 필요합니다. 재치와 특별한 지혜가 넘칠 때 그 대화는 더 효과를 나타냅니다.

이러한 요령을 가지고 평소 좋은 대화 훈련을 쌓아야 합니다.

우리의 혀는 마음의 붓이고, 말은 인격의 그림입니다.

✝ ✝ ✝

좋은 말의 효과

어리석은 사람들은 지혜로운 사람들에 대한 열등감에서 벗어나고자 거친 말과 험담을 일삼는다.

거친 말은 날카로운 칼과 같고 탐욕은 독약이며, 노여움은 사나운 불꽃이고 무지함은 더없는 어둠이다.

그러므로 옳은 인생의 길로 인도하는 데는 진실한 말이 최고이며, 이 세상의 모든 등불 가운데 진실의 등불이 최고이며, 세상의 모든 병을 치료하는 약 중에는 진실한 말의 약이 으뜸이다.

자신과 남을 위하여, 그리고 돈과 향락을 위하여 거짓을 말하지 않으면, 그것이 곧 깨달음에 이르는 길이다.

책과의 대화

책을 읽으면 저자가 우리에게 말을 건네 옵니다. 활자는 저자의 소리 없는 음성입니다.

책은 저자의 하소연이고, 독백이고, 부르짖음이고, 주장이고, 설득이고, 물음입니다.

독자인 우리는 그 소리를 듣고 거기에 대해서 여러 가지로 응답합니다.

긍정하기도 하고, 부정하기도 하고, 감탄하기도 하고, 울기도 하고, 찬성하기도 합니다.

위대한 책이란, 우리에게 위대한 물음을 던지는 책이며, 커다란 감명을 주는 책, 깊은 회의에 빠지게 하는 책, 큰 놀라움을 주는 책, 견딜 수 없는 분노를 일으키는 책입니다.

아무런 기쁨도 물음도 감동도 주지 못하는 책은 읽을 만한 가치가 없는 책입니다.

위대한 내용을 가진 책은 우리의 잠자는 영혼을 깨우치고 감은 눈을 뜨게 하고 심오한 충격을 던집니다.

우리는 책을 읽을 때 양심에 대해 눈뜨고 자본에 대해 눈뜨고, 자연에 대해 눈뜨고, 진리에 대해 눈뜨고, 죽음에 대해 눈뜨고, 사랑에 대해 눈뜹니다.

대화가 없는 생활은 고독하며 외롭고 보람이 없습니다. 위대한 인물과 깊은 대화를 나눌 수 있는 독서는 인생의 축복이며 기쁨입니다.

† † †
대지의 욕망

반 고흐는 별에 닿을 만큼 커다란 나무를 그렸다.
태양과 달을 아주 작게, 그리고 나무를 크게 그렸다.
그 나무들은 점점 더 커져 별에 닿았다.
어떤 이가 물었다.
"아니, 세상 어디에 이런 나무가 있습니까?"
그러자 고흐가 말했다.
"나무를 바라볼 때면, 나는 언제나 하늘에 닿으려는 대지의 욕망을 봅니다. 나무는 하늘에 닿으려는 대지의 욕망이자 대지의 야심입니다. 나는 대지가 할 수 없는 것을 내 그림으로 할 수가 있지요. 하늘에 닿으려는 대지의 욕망이 바로 그것입니다."

'썼다. 사랑했다. 살았다'

'썼다. 사랑했다. 살았다.'는 『적과 흑』 『연애』를 쓴 프랑스의 유명한 소설가 스탕달의 묘비명墓碑銘에 쓰인 글입니다.

그는 프랑스인이었지만, 일생 이탈리아를 사랑하였기 때문에, 그는 묘비명도 이름도 다 이탈리아 말로 썼습니다.

그의 묘석에는 이탈리아 말로, Scrisse|썼다|, Amor|사랑했다|, Visse|살았다|라고 적혀 있습니다.

그는 많은 작품을 썼습니다. 열한 명의 여성과 열렬한 사랑을 했고, 자기의 소신대로 인생을 살았습니다.

그의 소설이나 글에는 이탈리아를 예찬하는 내용이 많습니다. 그의 일기에 이런 글이 적혀 있습니다.

'인생의 거의 모든 불행은 자기에 관한 일에 대해서 그릇된 사고를 하는 데서 생긴다. 사물을 건전하게 판단하는 것은 행복에 이르는 큰 발걸음이다.'

그는 행복의 추구가 인생의 최대 목적이라고 생각했습니다. 인간이 행복해지려면 자기 자신을 바로 알고 자기에 관한 일을 바로 판단해야 한다는 신념을 갖고 있었습니다.

스탕달(1783~1842)은 59년의 자기 생애를 세 개의 단어로 요

약했습니다.

'썼다. 사랑했다. 살았다.'

그는 누구보다도 전력투구의 정열을 가지고 인생을 살면서 쓰고 사랑했습니다.

✟ ✟ ✟

친구는 인생의 그림자

'누구도 잃어버린 친구를 대신할 수는 없다. 옛 동료를 만들어 낼 수도 없다. 그렇게 많은 공동의 추억, 함께 겪었던 위험한 순간들, 불화와 화해, 마음의 동요….

세상의 어느 것도 이와 같은 귀중한 경험들과 견줄 수는 없다. 누구도 이런 우정의 흔적들을 다시 만들어 내지는 못한다.

덧없는 인생살이에서 친구들은 나에게서 하나하나 그들의 그림자를 끌고 가버린다. 그런 그 후부터는 늙음에 대한 남모르는 회한이 우리의 슬픔 속에 섞여 드는 것이다.'

생텍쥐페리가 쓴 글에 나오는 말인데, 책임감, 친구에 대한 자부심, 그에 대한 사랑의 의미를 새삼 느끼게 해준다.

이렇듯 친구는 내 삶의 그림자이며, 나를 증명하는 내 존재의 이정표이다.

정거장이 없는 시간

성년이란 젊은 시절을 의미합니다. 우리의 생은 한 번뿐입니다. 인생의 황금시대인 젊은 날은 두 번 다시 있을 수 없습니다.

한번 가버린 시간은 영원히 가버린 시간입니다.

돈을 주고도 못 사는 것이 시간입니다. 시간을 황금이라고도 합니다. 시간이 황금처럼 소중하다는 뜻입니다.

오늘 하루가 두 번 있는 것도 아닙니다. 세상에 모든 일은 다 때가 있습니다.

옛날 사람들은 세월의 흐름을 유수流水와 같다고 하였고, 또 화살과 같다고 하였습니다.

세월은 사람을 기다리지 않습니다. 우리는 젊은 시절에 열심히 배워야 합니다. 젊은이들은 고생을 무릅쓰고 분투노력의 생활을 해야 합니다.

기회는 두 번 다시 오지 않습니다. 활동할 때가 있고 휴식할 때가 있습니다. 시간이라는 자본을 최대한도로 활용하는 사람이 인생의 승리자가 되고 사회의 성공자가 될 수 있습니다.

두 번 오지 않고, 다시 오지 않는 젊은 시절이 있기 때문에, 우리는 때를 놓치지 말고 자신의 삶에 충실해야 합니다.

인생의 낭비 중에서 시간의 낭비가 가장 나쁩니다. 왜냐하면 시간은 돈을 주고도 살 수 없는 것이기 때문입니다.

✝ ✝ ✝

인간이란 섬

린드버그 여사가 쓴 『바다의 선물』이란 책에, 다음과 같은 내용의 글귀가 우리의 마음에 작은 감동을 준다.

'인간은 모두 섬인데, 같은 바다에 있다.'

린드버그 여사는 최초로 대서양 횡단 비행에 성공한 비행사 린드버그의 부인으로서, 그녀가 쓴 『바다의 선물』은 한때 베스트셀러가 된 수필집이다.

한적한 섬의 바닷가에서 휴가를 보내며 단조로운 일상에서 구두끈을 매는 일, 조개를 줍는 일 등등 아주 사소한 시간의 파편들을 담담하게 관조한 내용으로 많은 사람들에게 삶의 의미를 부여하고 있다.

'섬이란 얼마나 아름다운 곳인가, 내가 지금 존재하고 공상하고 있는 공간적인 섬도 좋다. 몇 마일이고 계속되는 바다에 둘러싸인 채 섬과 육지를 연결하는 다리도 전화도 없이 섬은 세계와 인간 생활로부터 떨어져 있다. 또한 시간적인 의미의 섬도 좋다. 우리 인간은 모두 섬인데, 단지 하나의 같은 바다에 있다고 생각한다.'

고독으로 둥지를 짓는 독수리

독수리는 날짐승의 왕입니다.
독수리의 눈을 보면, 그 눈은 무섭도록 날카로워 멀리 넓게 봅니다.
우리는 눈앞만 보지만, 위인은 원대한 안목으로
먼 미래의 앞날을 내다봅니다.
독수리는 그 힘찬 날개로 창공을 향해 높이 나릅니다.
위인은 십자가를 지고 독수리처럼 힘차게 전진합니다.
독수리의 발톱을 보면 억세고 예리합니다.
그 날카로운 발톱으로 자기의 목표물을 붙잡습니다.
위인도 독수리처럼 힘찬 생명력과 불굴의 투지력을 가지고
이상理想과 사업을 추구합니다.
위대한 인물은 독수리와 같습니다.
그는 멀리 보고 힘차게 전진합니다.
독수리는 아무 데나 둥지를 짓지 않습니다.
깊은 산의 높은 나무 위에 홀로 고독의 집을 짓습니다.
이렇듯 독수리는 혼자 생존의 고독을 즐깁니다.
위인도 독수리처럼 고독한 집에서 은둔자처럼 생활합니다.

위인은 고고한 정신의 소유자로 늘 외로움과 함께 고독한 삶을 살고 있습니다.

그것은 그의 이상이 높기 때문에 외롭고, 그의 생각이 시대보다 앞서 있기 때문에 외롭고, 그의 높은 뜻이 현실에서 다 이루어지지 않기 때문에 외롭습니다.

위인에게는 시대적 고민이 그림자처럼 따라다닙니다. 그러나 위인은 그 고독을 자기의 십자가처럼 지고 참고 견딥니다.

독수리가 고독을 즐기듯이 위인도 고독을 좋아합니다.

일찍이 외롭지 않은 위인은 없었습니다.

위인은 독수리와 같은 존재입니다.

✞ ✞ ✞

반복의 대가

어느 겨울 아침, 고슴도치 두 마리가 추위에 떨고 있었다. 그들은 서로 몸을 따뜻하게 하고자 가까이 접근했다.

그러나 가까이할수록 몸에 있는 날카로운 바늘 때문에 서로에게 상처를 입히는 것이었다.

그래서 두 마리의 고슴도치는 가깝게 접근하다가 또 멀어지고, 그렇게 하기를 반복하는 사이에 따뜻하면서도 상처를 주지 않는 알맞은 거리를 찾아냈다.

과거와 미래의 텃밭을 가꾸는 사람

'즐겁게 생활하고 싶으면 지나간 일을 염려하지 말 것, 좀처럼 성을 내지 말 것. 언제나 현재를 즐길 것, 사람을 미워하지 말 것, 자신의 미래를 신에게 맡길 것.'

이 글은 시인 괴테의 유명한 처세훈입니다.

인생을 가장 넓게 살았고, 가장 깊이 살았고, 또 가장 높이 살았던 대표적 인간이었습니다. 또한 그는 정신의 높은 산맥을 이루었고 생활의 깊은 바다를 이루었습니다.

그러므로 그의 처세훈處世訓을 한 번쯤 음미해 볼만 합니다.

인생을 더 즐겁게 살기 위해서는 지난 과거에 너무 집착하여 후회하고 고민하고 염려하지 말아야 한다고 했습니다.

또한 과거는 과거에 머물러 있어야 하며, 지나간 일은 지나간 일로 남겨두고 후회해 봤자, 다시 과거 속에서 살 수 없는 것이 인간입니다.

그는 분노하지 말라고 했습니다. 분노는 인간의 격정이기 때문에 흥분하면 실수하고 후회하는 일을 저지르기 쉽습니다. 웬만한 일에는 성내지 말고 현재를 즐기라고 하였습니다.

지금 내가 하고 있는 일에 최선의 지혜와 능력을 다할 때, 우리는 현재를 가장 즐길 수 있습니다. 미래는 아직 다가오지 않았고 과거는 이미 지나갔습니다. 그러므로 우리는 현재를 가장 충실하게 살아야 합니다.

괴테는 사람을 미워하지 말라고 하였습니다. 마음속에는 인간의 지옥이 있습니다. 증오의 감정은 인생을 어둡게 하고 냉혹하게 만듭니다.

마지막으로 괴테는 미래를 신에게 맡기라고 하였습니다. 우리의 미래를 운명과 신에게 맡기고 사는 것이 가장 아름다운 삶이라고 말했습니다.

✟ ✟ ✟

화려함과 아름다움

정원에는 넝쿨장미와 백일홍이 서로의 아름다움을 뽐내듯 피어 있었다. 백일홍은 늘 화려하게 피어 있는 넝쿨장미를 부러워했다.

"장미님, 당신은 너무 곱고 아름답습니다. 그 화려한 모습을 보기 위해 많은 사람이 항상 장미님의 주위에 몰려들고 있으니 무척 행복하시죠!"

그러나 넝쿨장미는 고개를 저었다.

"백일홍님, 그건 오해입니다. 내 겉모습의 화려함은 극히 짧은 시간 동안만 간직할 수 있어요. 나는 오히려 백 일 동안이나 아름다움을 자랑하는 당신이 부럽습니다."

이 말에 백일홍은 더욱 자신을 가꾸기 시작했다.

성격은 운명의 어머니, 운명은 성격의 아들

한 인간의 운명은 그 사람 성격의 산물입니다. 성격이 운명을 좌우합니다. 성격은 운명의 어머니며, 운명은 성격의 아들입니다.

한 인간이 있습니다. 그는 게으르고, 안일하고, 무책임하고, 비겁하고, 거짓된 성격의 소유자입니다. 그의 운명은 불행과 비극의 골짜기로 추락할 것입니다.

그것은 그러한 성격에서 그러한 운명이 생길 수밖에 없기 때문입니다. 그와 반대로 부지런하고, 진실하고, 책임감이 왕성하고 공신력이 강한 성격의 소유자가 있습니다.

그의 운명은 틀림없이 행복과 번영의 정상을 향해 발전할 것입니다. 인생에는 '인과 업보의 법칙'이 있습니다.

선인|善因:선행|은 선과|善果:보람|를 낳고, 악인은 악과惡果를 낳습니다.

선업善業에는 선보善報가 있고, 악업에는 악보가 있습니다.

성격이 근본 원인이라고 하면, 운명은 그 원인이 만들어 낸 결과입니다.

좋은 성격은 좋은 결과를 만들어 내고, 나쁜 성격은 나쁜 운명을 만듭니다.

한 개인의 성격이 그 개인의 운명을 결정하듯이, 한민족의 성격이 그 민족의 운명을 지배합니다.

행복한 운명의 주인공이 되기를 원한다면 모름지기 바람직한 성격의 소유자가 되어야 합니다.

인간의 자본 중에서 바람직한 성격처럼 중요한 자본은 없습니다. 인간의 건설 중에서 성격의 건설처럼 중요한 건설은 없습니다.

이상적 성격의 건설, 이것은 우리가 일생 추구하고 노력해야 할 목표입니다.

✝ ✝ ✝

세상에는 길이 너무 많다

세상에는 크고 작은 길이 너무나 많다. 그러나 도착지는 모두 다 같다. 말을 타고 갈 수도 있고, 차로 갈 수도 있고, 둘이 아니면, 셋이 함께 갈 수도 있다.

그러나 마지막 한 걸음은 혼자서 가야 한다. 그러므로 이 세상에서 아무리 어려운 일이라도 혼자서 하는 것보다 더 나은 지혜나 능력은 없다.

재물과 바닷물은 갈증의 물

인간의 욕심은 끝이 없습니다. 사람은 무한대 욕망의 노예가 되기 쉽습니다.

셋방살이할 때는 전셋집만 하나 있으면 좋겠다고 생각합니다.

그러나 전셋집에 들었을 때는 조그마한 집 한 채만 가지면 더 욕심을 부리지 않겠다고 마음을 자제합니다. 하지만 작은 집 한 채를 장만하면 더 좋은 양옥집을 탐내게 됩니다.

재물은 가지면 가질수록 더 가지고 싶어지는 갈증입니다. 부자가 수전노로 변하는 것은 이 심리 때문입니다. 인간의 명성이나 명예도 마찬가지입니다. 바닷물과 같아서 마시면 마실수록 심한 갈증을 느끼게 됩니다.

돈이나 명예는 모든 사람이 원하는 가치의 하나입니다. 그런 것을 원치 않는다고 말하는 이가 있다면, 그는 자기를 스스로 속이는 사람입니다. 그러면 재물이나 명예에 대해서 우리는 어떤 태도를 가져야 하는가를 반성해 볼 필요가 있습니다.

돈을 갖되 돈의 노예가 되지 않아야 합니다. 돈이나 명예에 집착하지 않는 사람은 그것을 갖되 집착하지 않습니다. 그것에 노예가 되지 않습니다.

돈이나 명성이 나에게 오면 자연스럽게 받아들이고, 그것이 나에게서 떠나면 떠나는 대로 집착하지 않습니다. 명예나 돈에 집착하거나 노예가 될 때, 그것을 진정으로 즐기는 자유인이라고 할 수 없습니다.

우리의 선인들은 인간의 삶에 자유로워지면 집착의 굴레에서 벗어나, 어떤 것에 사로잡히지 않고 자유자재로 가질 때 부富를 얻는다고 했습니다.

재물과 바닷물은 갈증의 물입니다.

✝✝✝

자기 혁신

스위스의 천문학자이며 철학자인 아미엘이 남긴 『일기』를 보면 다음과 같은 유명한 말이 나온다.

마음이 변하면 태도가 변한다.

태도가 변하면 습관이 변한다.

습관이 변하면 인격이 변한다.

인격이 변하면 인생이 변한다.

나를 다스리는 말

양약良藥은 입에 쓰고 충언忠言은 귀에 거슬린다고 합니다.

좋은 약은 입에 쓴 경우가 많습니다. 그러나 몸에는 좋습니다.

충고忠告의 말은 충언이라고 합니다. 충언은 결코 듣기 좋은 말은 아닙니다. 그 말은 우리에게 약이 되고 도움도 됩니다.

듣기 좋은 말은 충고의 말이 아니라 감언이설입니다. 나에게 아첨하는 말, 남을 칭찬해 주는 말, 나를 추켜올리는 말은 듣기 좋습니다. 이것은 인간의 약점입니다.

나에게 감언이설과 아첨의 말을 하는 사람을 우리는 경계해야 합니다. 특히 지도자나 윗자리에 앉아 있는 사람은 상대의 말이 아첨인지, 진정한 칭찬의 말인지를 바로 분간할 줄 알아야 합니다.

직언直言을 하는 사람, 간언諫言하는 사람, 충언을 하는 사람은 나를 가장 아껴주는 사람입니다. 우리는 그를 고맙게 생각하는 관대와 아량을 가져야 합니다. 옛날 우禹임금은 자기에게 충고해 주는 신하에게 절을 하였다고 합니다. 우리는 그러한 성인聖人이 되기는 힘듭니다. 그러나 최소한도 충고의 말에 귀를 기울이고 충고해 주는 사람을 멀리하지 않도록 마음의 문을 열어야 합니다. 그러한 사람은 그릇이 큰 사람입니다.

소금의 지혜

이 세상에 부패처럼 추한 것은 없습니다. 썩은 것처럼 보기 흉한 것도 없습니다. 부패한 송장, 부패한 인간, 부패한 정치, 부패한 종교, 부패한 군대, 부패한 국민, 부패한 나라는 모두 추하고 악합니다.

그러나 소금은 절대로 썩지 않습니다. 생각하면 할수록 이상하고 신비한 일입니다.

소금은 썩지 않기 때문에 부패를 방지할 수 있습니다. 부패로는 부패를 막을 수 없습니다. 소금만이 부패를 방지할 힘이 있습니다. 스스로가 썩지 않기 때문에 남의 부패를 방지할 수 있는 것이 소금의 정신이고 소금의 직분입니다.

동식물의 부패 방지에는 바다의 소금이 필요합니다. 인간의 부패 방지에는 땅의 소금, 세상의 소금, 인간의 소금이 필요합니다.

오늘날 인류 사회에 가장 필요한 것은 인간의 소금이며, 땅의 소금, 만족의 소금입니다. 인간의 소금이란 성실한 정신과 양심의 감각과 책임 의식이 투철한 사람을 말합니다.

소금이 많으면 많을수록 사회는 건전하게 발전할 수 있습니다. 저마다 땅의 소금이 되기에 노력해야 합니다.

백 세 어머니가 부르는 자장가

우리는 남의 은혜 속에서 살아가고 있습니다. 부모의 은혜 속에 태어나서, 그 은혜 속에서 살다가 생을 마감합니다.

은혜를 아는 것을 지은知恩이라고 하고, 은혜에 감사하는 것을 사은謝恩이라 하고, 은혜에 보답하는 것을 보은報恩이라고 합니다.

은혜를 잊어버리는 것이 망은忘恩이며, 은혜를 배반하는 것은 배은背恩입니다.

한문에 배은망덕背恩忘德이란 말이 있습니다. 남의 은혜를 배반하고 받은 덕을 잊어버리는 것을 말합니다. 배은망덕은 인간의 악덕 중 으뜸입니다.

그런 사람은 도리를 다하지 못하는 소인배이며, 사람으로서 구실을 못 하는 자입니다.

남의 은혜를 입지 않은 사람은 이 세상에 그 누구도 없습니다.

부모의 은혜, 스승의 은혜, 나라의 은혜, 자연의 은혜, 이렇듯 인간은 은혜 속에서 살아갑니다.

내가 입는 옷, 내가 먹은 밥, 내가 쓰는 물건, 이 모두는 함께 세상을 살아가는 이웃, 사회, 국가가 수고한 산물이며 피땀의 결정이 가져다주는 보답입니다.

이렇듯 은혜중에서 가장 큰 것은 부모님의 은혜이며, 특히 어머님의 은혜입니다.

백 세의 노모는 여든 살 난 자식을 항상 걱정한다[母年一百歲 常憂八十兒]는 말이 있습니다. 그것이 천하 어머니의 마음입니다.

우리는 그러한 한량없는 은혜에 백분의 일이라도 보답할 줄 아는 바른 사람이 되어야 합니다.

✟ ✟ ✟

걷는 자만이 앞으로 나아갈 수 있다

처음 시작하는 일에는 실패가 따르기 쉽다. 그렇다고 실패를 두려워해서는 아무런 일도 할 수 없다.

아기가 기기 시작하면 서기를 바라고, 서면 걷기 바라는 것이 부모 마음이다. 몇 번씩 넘어지면서 걷는 방법을 배우고 드디어 뛰는 모습을 보면 감동한다.

'인간은 이렇게 성장하는 것이로구나.'하는 소박한 진리를 어린아이를 통해 깨닫게 된다.

영국의 소설가 올리버 골든 스미스는 이렇게 말했다.

"가장 영광된 삶은 한 번도 실패하지 않는 일이 아니라, 넘어질 때마다 다시 일어선다는 신념이다."

땀의 기도

땀을 흘리지 않고 곡식을 거둘 수는 없습니다.

땀 흘리지 않고 행복을 찾는다는 것은 어리석은 일입니다.

하늘은 스스로 돕는 자를 돕기 때문입니다.

'너희는 마음에 근심하지 말라. 하나님을 믿고 또 나를 믿어라.'라고 그리스도께서 말씀하셨습니다.

믿는다는 것은 노력이요, 땀이라고 생각합니다.

노력 없이 신앙의 열매를 맺을 수 없고, 신앙의 열매 없이는 마음의 근심을 해결할 수 없습니다.

창조주께서는 이 세상을 만드실 때, 스스로 일을 하셨습니다. 그 성과에 만족하셨습니다.

이것이 바로 노력의 즐거움입니다. 이것이 바로 땀의 결실입니다. 이것이 땀의 창조입니다.

사도 바울은 '일하기 싫어하는 자는 마땅히 굶어야 한다'고 했습니다.

땀을 흘린다는 것은 곧 기도하는 일이라고 생각해 봅니다.

땀을 흘리며 노력한다는 것은, 그 일이 끝날 때까지 기도하는 시간을 연장하는 것이 아니라, 그 일이 바로 기도라고, 나는 생각합니다.

나는 화가 밀레의 '만종晩鐘'을 잊을 수가 없습니다.

노력한다는 것은 하나님이 베푸신 은혜에 대한 보답입니다.

땀을 흘린다는 것은 감사하는 일과 같다고 생각합니다.

감사하는 생활에는 근심과 걱정이 없습니다.

노력하는 생활에는 슬픔과 고통이 없습니다.

† † †
인간은 열려 있는 문과 같다

지상의 현상은 하나의 비유에 불과할 뿐이다.

모든 비유는 영혼을 간직할 준비만 되어 있다면, 그곳을 통해 내부 세계로 들어갈 수 있는 열린 문과 같다. 그 내부로 들어가면 당신과 내가, 낮과 밤이 하나가 된다.

눈으로 볼 수 있는 모든 형상은 하나의 비유이고, 이 비유 속에 정신과 영원한 생명이 있다는 생각을 갖게 된다.

물론 이 문을 통해서 비밀을 현실로 느끼면서, 아름다운 꿈을 버린 채 뒤돌아보지 않는 사람은 아주 적다.

행복의 모습

행복이 무엇인가 모르는 사람보다 더 불행한 사람은 없습니다.

내가 왜 살고 있는지를 모르는 사람에게는 생활이 견딜 수 없는 고통입니다.

이러한 마음을 가진 사람은 행복과 쾌락을 구별하지 못하고 기쁨을 감각이라고 느끼게 됩니다.

그러나 우리의 외부에 존재하는 것이 행복을 주지 못한다는 사실을 알아야 합니다.

행복을 밖에서 구하는 것은 지혜를 남의 머리에서 얻는 것보다도 더 어리석은 일입니다. 참된 행복은 우리의 마음 안에 있기 때문입니다.

행복을 돈으로 살 수 있다는 생각, 지위로 행복을 차지할 수 있다는 자만심, 명예로 행복을 누릴 수 있다는 허영심, 이 모두는 삶의 무거운 짐이 되고 고통의 원인이 됩니다.

행복으로 가는 길은 두 가지가 있습니다. 하나는 외부적인 것에서 물러서는 길입니다. 그것은 세상의 유혹에 마음을 주지 말라는 뜻입니다.

또 하나는 내부적으로 자신이 열등하다는 존재에서 새로운 사람으로 비상하는 길입니다. 이는 이기심에서 탈출하여 자기의 본성으로 돌아가는 길을 의미합니다.

자신의 일생을 적극적인 완성을 위해서 노력하는 사람에게는 불만족이 있을 수 없습니다. 진실로 우리가 원하고 바라는 것은 우리 자신의 능력 속에 잠재해 있기 때문입니다.

참다운 행복과 기쁨은 근면으로 고난을 겪고 이겨 내야만 얻을 수 있습니다.

'인간의 행복은 자신의 인격을 쌓을 때 있다.'

시인 괴테의 말입니다.

이렇듯 행복은 고뇌를 선용할 때 그 모습을 나타냅니다.

✝ ✝ ✝

행복에 이르는 길

인내력을 기르고 항상 말을 따뜻하고 부드럽게 하는 것, 선행을 하는 사람들을 두루 만나며 알맞을 때 진리의 말에 귀를 기울이는 것, 이것이 행복에 이른 길이다.

세상살이에 뒤섞일 때도, 결코 마음이 흔들리지 않고 슬픔과 더러움에서 벗어나서 안정되는 것, 이것이 행복에 이르는 길이다.

이렇게 꿋꿋이 걸어가는 사람은, 그 어떤 고난에도 패배하지 않는다. 모든 곳에서 편안함을 얻게 되므로, 그 편안함 속에 행복이 있다.

낙엽 인생

 갈색 낙엽이 거리나 뜰에 쌓이기 시작할 때, 우리는 떠나가는 가을의 발자취 소리를 듣게 됩니다.

 하지만 낙엽을 흩날리는 바람 소리와 앙상한 나뭇가지 사이로 투명한 하늘이 산맥을 그림처럼 비춰주기 시작하면, 어느덧 성급한 겨울의 그림자가 지나가는 바람 속에 묻어오고 있음을 느끼게 됩니다.

 찬 밤공기 속에 반짝이는 별들이 유난히 밝고, 아침이 밝아오면 창밖에 내린 하얀 서리가 겨울의 소식을 전할 때, 우리의 마음은 비로소 위로와 휴식의 닻을 내리게 됩니다.

 그렇게 찬란하지도 못한 인생, 그렇게 화려해 보지도 못한 젊은 날을 등지고 세상을 지금까지 지나고 보니, 마치 악몽에 사로잡혀서 이끌려 온 듯 이상한 마음의 굴레에 갇혀 있는 답답함을 느껴 봅니다.

 그렇다고 해서 지난 세월이, 지금의 처지가 어떻다느니 일방적인 변명만을 구실 삼는다는 것은 반가울 수 없는 처신이라고 하겠습니다.

 낙하하는 낙엽에서 적막의 감정을 모르고, 삶의 수고로움을 깨닫지 못한다면, 불행하게도 목석木石과 같은 존재라고 해야 할 것입니다.

그러나 지금까지 자신이 걸어온 삶의 길이 착하고 올바른 인생행로이었는지, 아니면 악하고 게으르고 진실치 못하였는지를 생각해 보아야 할 시간이 아닌지 마음을 정리해 봅니다.

시몬, 낙엽 진 숲으로 가자
낙엽은 이끼와 돌과 오솔길을 덮고 있다.
시몬, 너는 좋으냐, 낙엽 밟는 발소리가?

낙엽의 빛깔은 정답고 쓸쓸하다.
낙엽은 버림을 받아 땅 위에 있다.
시몬, 너는 좋으냐, 낙엽 밟는 발소리가?

석양의 낙엽 모습은 쓸쓸하다.
바람에 불릴 적마다 낙엽은 상냥스럽게 외친다.
시몬, 너는 좋으냐, 낙엽 밟는 소리가?

가까이 오라, 우리도 언젠가는 가련한 낙엽이다.
가까이 오라, 벌써 밤이 깊었다. 바람이 몸에 스민다.
시몬, 너는 좋으냐, 낙엽 밟는 소리가?

희망의 등불을 켤 때 성공의 모습이 나타난다

 우리의 마음속에 희망의 등불이 켜져 있을 때, 우리는 삶의 용기를 느끼고 의욕을 느끼게 됩니다. 삶에 힘을 갖게 됩니다.

 그러나 우리의 가슴속에서 희망의 등불이 꺼질 때, 우리는 삶의 용기를 잃게 됩니다. 모든 일에 의욕을 잃습니다.

 병자가 내 병은 꼭 나으리라는 소생에 대한 희망을 품을 때, 열심히 약을 먹고 살기 위해서 발버둥을 칩니다.

 한편, 나는 죽는다는 실의와 낙망에 빠질 때, 아무리 좋은 약을 써도 효과를 얻을 수 없습니다.

 이는 이미 정신적으로 죽은 거나 다름이 없습니다. 이 세상을 살아가면서 무엇에 슬프다 하여 마음이 죽는 것처럼, 더 슬픈 일은 없습니다.

 마음이 살아서 움직여야 합니다. 마음이 죽으면, 모든 것이 죽고 맙니다. 희망은 마음이 살아있다는 증거이며, 낙망은 마음이 죽었다는 뜻입니다. 정신적 자살이 낙망입니다.

 희망은 강한 용기이며, 새로운 의지라고, 어느 철학자는 말했습니다.

 가난이 슬픈 것이 아닙니다. 희망이 없는 것이 더 슬픈 일입니다. 성공한 사람은 언제나 가슴 속에 희망의 등불을 켜는 사람입니다. 위대한 인물은 희망으로 낙망을 이기는 사람입니다.

희망의 등불을 켤 때 성공의 모습이 나타납니다.

✝ ✝ ✝

희망은 인내의 꽃

요즘 우리나라 젊은이들은 너무나 어둡고 음울한 시간을 보내고 있다. 그들의 벅찬 희망에 가슴을 부풀리며 마음껏 일할 수 있는 직장이 그리 많지 않은 것이 현실이다.

그러나 상기해 보라. 어느 시대에도 그 나름의 어려움은 있었다.

성공한 사람들 역시 가정의 고민, 건강상의 고민, 직업이 주는 어려움, 그밖에 여러 가지 불면의 밤에 봉착해서 실패하고 패배하는 아픔도 겪어야 했으며, 그 고뇌의 밑바닥에서 자기 자신을 강하게 단련하고 이겨 냈음을 우리는 알고 있다.

우리 인간을 아름답고 깊이 있는 인격자로 육성하는 데에는 시련밖에 없다.

따라서 주위 환경이 나쁘고 나라의 경제와 정치가 잘못되었다고 비난만 할 것이 아니라, 스스로 나쁜 환경 속으로 용감하게 뛰어들어, 어디가 어떻게 잘못된 것인가를 파악해서 그 장애물을 제거하고, 다시 시작하는 단계까지 끈기 있게 매달리는 성실성과 노력을 가질 때, 사회나 나라의 희망이 보인다.

실패로 피는 성공이란 꽃

실패가 없는 인생은 없습니다. 사람은 누구나 실패하는 경험을 갖게 됩니다. 실패를 두려워해서는 아무 일도 하지 못합니다. 실패하더라도 거기에 굴하지 않고 다시 분발하여 일어서는 불퇴不退의 정신이 중요합니다.

이 불퇴의 정신, 불굴의 의지가 우리로 하여금 성공이란 정상에 오르게 하고 승리의 월계관을 쓰게 합니다.

실패를 부끄럽게 생각하지 말고, 실패에 굴복하는 것을 부끄럽게 생각해서는 안 됩니다.

인생에서 큰일을 한 사람이나 성공한 사람들의 과거를 살펴보면 실패의 기록으로 가득 차 있습니다. 실패의 눈물이 그들의 발자국을 적시고 있습니다.

아무 실패도 하지 않고 성공했거나 큰 일을 한 사람은 천에 하나 만에 하나밖에 안 됩니다. 성공한 사람은 실패의 가시밭길을 헤친 끝에 승리의 영광을 차지한 것입니다.

백절불굴百折不屈이란 말이 있습니다. 백번 꺾이어도 굴하지 않고 다시 또 일어난다는 뜻입니다. 고난이 클수록 영광도 큽니다.

성공의 기쁨은 실패에 비례합니다. 쉽게 얻은 승리보다 힘들게 얻을 실패를 밑거름으로 할 때 승리가 더 보람차고 감격이 큽니다. 그때 성공이란 꽃이 핍니다.

✝ ✝ ✝

뿌리의 마음

한 정원사가 있었다.

누구도 그 사람처럼 갖가지 종류의 꽃들을 훌륭하게 피워낼 수 없었다. 그는 세상의 꽃을 위해 살고 있는 것 같았다.

어느 날 그에게 물어보았다.

"아름답게 꽃을 가꾸는 비결은 뭡니까?"

그가 대답했다.

"다름 아니라 난 뿌리에 더 신경을 씁니다. 그게 비결입니다."

'무슨 뜻입니까?"

그는 말했다.

"꽃을 계속 잘라내는 일이지요. 난 나뭇가지에 별 목적 없이 피는 꽃봉오리를 그냥 놔두지 않는다는 말입니다. 만약에 한 나무에 수십 송이의 꽃이 피면 몇 송이만 남겨놓고 다 잘라버리지요. 그러한 작업을 거치면 뿌리는 점점 더 건강해집니다. 수십 송이의 꽃을 한 송이로 모은 것처럼 크고 아름다운 꽃을 피웁니다. 뿌리의 마음이 꽃으로 피어나는 것입니다. 이게 바로 내 비결입니다."

성공의 묘석墓石을 세우자

우리는 인생의 길에서 많은 어려움을 만나게 됩니다. 그런 경우 어떤 방법과 태도로 해결해야 할까요.

물론 올바른 상황판단을 하기 위해서는 현명한 능력이 필요합니다. 또 빨리 행동하기 위해 민첩한 능력도 필요합니다. 그러나 현명함이나 민첩만으로는 중대한 문제를 해결할 수가 없습니다.

굳건한 신념과 커다란 용기가 필요합니다. 그 신념과 용기는 어디에서 생기는가. 천지신명天地神明 앞에 조금도 부끄럼이 없는 공명정대의 정신에서 생깁니다.

이 정신이 있을 때, 우리는 용감한 행동을 할 수가 있습니다. 이 정신이 있을 때, 우리는 서로 믿을 수가 있습니다.

나는 진실 위에 서 있다는 확신, 나는 인생의 옳은 길을 걷고 있다는 신념은 위대한 힘의 원천입니다. 스스로 돌이켜 보고 양심에 아무 부끄럼이 없을 때, 우리는 용감한 행동을 할 수가 있습니다. 이것은 성공의 용기입니다.

죄인은 햇빛 보기가 두렵습니다. 죄인은 사람 앞에 나서기를 두려워합니다. 부정과 죄악을 범하였을 때, 우리의 정신은 위축되고 무력해집니다.

거짓에서는 힘이 생기지 않습니다. 진실에서 진정한 힘이 생깁니다. 공명정대의 정신이 힘의 위대한 원천입니다.

모래 위에 세운 집은 무너지지만, 반석 위에 세운 집은 견고한 것처럼 거짓과 부정 위에 선 사람은 무력하고 진실과 공명정대 위에 선 사람은 강합니다.

성공에 대한 자기 확신이 없는 사람의 인생은 씁니다.

✝ ✝ ✝

큰 인물의 조건

큰 인물은 여덟 가지의 조건을 갖추어야 한다.

첫째, 욕심이 적은 소욕小慾

둘째, 만족함을 아는 자족自足

셋째, 고요하게 안정된 적정寂靜

넷째, 삿됨과 번뇌를 여의는 원리遠離

다섯째, 부지런히 노력하는 정진精進

여섯째, 마음이 산란하지 않는 선정禪定

일곱째, 일체를 아는 지혜智慧

여덟째, 세상사에 거리낌이 없는 무애無碍

죽음의 미학美學

죽음이 당신의 문을 두드릴 때
당신은 무엇을 바치겠습니까?
아! 나는 내 생명이 충만한 그릇을
그대에게 내놓겠습니다.
나는 결코 빈손으로
그대를 돌려보내지 않겠습니다.

명상의 시인 타고르는 이렇게 죽음을 조용한 마음으로 사색했습니다. 삶과 죽음은 종이 한 장 차이에 불과하지만, 유有와 무無를 초월한 시작과 끝의 공간입니다.

누구도 내일의 생명을 확신할 수 없습니다. 그러므로 현재의 시간을 값있게 쓰고, 자기의 삶을 사는 것이 현명한 인생이라고 말할 수 있습니다.

CJ 융과 그의 제자들의 죽음에 관한 견해는 죽음의 체험을 새로운 존재로의 변환으로 이해하고 있고, 그래서 그는 죽음을 두 번째 탄생이라고 부르고 있습니다. 그들은 우리가 죽은 후에도 정신적 존재로 남아 있다고 하면서도 신의 존재나 사후세계에 대해서는 확신하지 못하고 신비의 영역으로 남겨둔 것을 봅니다.

죽음을 인생의 출발이라고 믿는 인생은 얼마나 여유 있는 삶일까요. 죽음은 조용히 오는 시간입니다. 죽음은 하나님의 섭리에 따라 인간에게 찾아오는 마지막 약속입니다.

인간은 작은 존재입니다. 하지만 그 생명은 하나님이 주신 귀중한 은혜입니다. 그러므로 몇 줌의 흙으로 흩어질 수 없습니다.

내세來世를 믿는 사람에게 죽음은 신생新生의 첫걸음입니다. 새로운 삶의 혁명입니다. 인간은 자기 자신이 죽음에 직면해 있다는 엄연한 사실을 잘 알고 있습니다.

죽음 앞에서 인간은 고독합니다. 죽어야만 하는 한 인간으로서 살아있는 동안, 자신의 생명을 어떻게 구원할 것인가를 깨닫고 아름다운 삶을 영위해야 합니다.

그러므로 인간의 죽음은 단순한 죽음이 아니라, 삶의 방식을 바꾼 인간의 혁명입니다.

✞ ✞ ✞

지금 행복하지 않으면 내일을 기다릴 필요가 없다

초조해하지 말고 당황하지 말라. 오늘 하루의 일에 최선을 다하라. 잠시 기다리는 것이 인생에는 중요하다.

어떤 사람은 너무나도 지나치게 조급해하며 살기 때문에 비극을 만난다. 보통 사람들은 그 발상이나 스피드를 따라잡지 못해서 비극적인 결말을 맞이한다. '서두르는 것도 좋고, 쉬는 것도 좋다.'는 각오가 중요하다.

철학은 죽음을 연습하는 학문

인간은 한번 태어났다가 한번 죽음을 맞이합니다. 이것은 생명의 철칙입니다.

언제 죽음이 우리를 부를지 모릅니다. 죽음의 신은 모든 인간에게 평등합니다.

죽음은 예고 없이 우리를 방문합니다. 언제 찾아올지 아무도 알 수 없습니다.

그러나 죽음에 대해 우리가 확실히 알고 있는 것은, 죽음은 예기치 않은 때에 예고 없이 홀연히 우리를 찾아온다는 사실입니다.

언제 죽음이 찾아오더라도 태연자약하게 죽을 수 있는 마음의 준비가 필요합니다.

그러므로 두려워하지 않고 조용하게 죽음을 대할 수 있도록 우리는 평소 정신적 준비를 해야 합니다.

철학은 무엇 때문에 존재하는가 하는 생사관生死觀의 확립입니다. 이에 대하여 철학자 소크라테스는 죽는 연습을 하는 것이 철학이라고 말하였습니다.

무엇이 인간을 약하게 만드는 것인가, 죽음의 공포 때문입니다. 무엇이 인간을 비겁하고 불안하게 만드는 것인가, 죽음에 대한 두려움입니다.

어떻게 사느냐 하는 것도 중요한 문제이지만, 어떻게 죽느냐 하는 것도 중요한 문제입니다. 죽음에 대한 철학과 신념이 확고하게 서야만 삶에 대한 철학과 신념도 확고할 수 있다고 봅니다.

그러므로 우리는 평소 죽음의 연습을 해야 합니다. 떳떳하게 죽음 앞에 임할 수 있는 마음의 각오를 해야 합니다. 철학은 죽음을 연습하는 학문입니다.

✝ ✝ ✝

마음의 고향

사람들의 마음은 온갖 번뇌와 망상으로 얼룩져 있어 큰 파도와 같다. 물결이 출렁일 때마다 사람들의 몸과 마음도 출렁거려 어떤 사물도 제대로 보지 못한다.

그러나 마음속에서 일고 있는 물결이 잠잠해지면 모든 사물이 제 모습을 나타낸다. 연못이 바람 한 점 없이 고요하면 물밑까지 훤히 보이는 것처럼.

사람은 작은 일에도 마음이 흔들린다. 흔들리는 마음을 억제하기란 쉽지가 않다. 그러나 지혜로운 사람은 이를 바로잡는다. 마음을 바로잡는 일이 행복의 시작이다.

마음은 보기도 어렵고 미묘하나 지혜 있는 사람은 이를 잘 다스린다. 마음을 잘 다스리는 사람은 안락한 삶을 살아간다.

이렇듯 활짝 열린 마음에는 어떤 티끌도 없다.

마음이 활짝 열려야 세상을 바로 볼 수 있다.

내 인생의 자서전을 써본다

 남을 모방하는 삶은 자살 행위와 다름없다고, 어느 사상가는 말했습니다. 자기 인생의 자서전을 써야 아름다운 삶이라고 강조하기도 했습니다.

 성경|바이블|은 진리의 보고입니다. 위대한 말씀의 저수지입니다. 심금을 울리는 지혜의 숲입니다.

 사람은 일생을 살면서 자기의 생활이 기록된 자서전을 쓸 때 빛납니다. 그것을 어떻게 쓰고 만드느냐에 대한 해답은 책을 읽노라면, 우리의 가슴에 와닿는 이야기들이 있습니다.

 책에는 우리의 머릿속에 오래오래 남아서 잊히지 않는 지혜가 피어 있습니다.

 우리의 정신에 큰 변화를 일으키는 힘찬 음성이 있습니다. 우리 생활의 등불이 되고, 행동의 좌우명이 되는 말이 있습니다.

 그런 말들을 자주적으로 선택하고 편집하여 나 자신의 자서전을 만드는 밑거름으로 삼습니다. 그렇다고 덮어 놓고 책을 많이 읽는 것이 중요한 문제가 아닙니다.

 어떤 책을 어떻게 읽느냐가 중요합니다. 이해되지 않는 독서는 소화되지 않는 음식물과 같아서 정신에 무거운 부담만 줄 뿐입니다. 생각하지 않고 읽는 것은 씹지 않고 삼키는 거와 같아서 영양분이 되지 않습니다.

말에 화법이 있듯이 독서에는 독서법이 있습니다. 책을 옳게 읽는 방법을 알아야 합니다.

책을 읽다가 나의 마음에 힘차게 울리는 내용을 자기 나름대로 골라서 한 권의 자서전을 만드는 토대로 사용할 것을 권해 봅니다.

자서전은 자기 삶의 빛으로 키운 한 그루의 푸른 나무입니다.

✝ ✝ ✝

공경할 만한 사람

세상에는 섬기고 공경할 만한 여덟 부류의 향기로운 사람들이 있다.

첫째, 사랑하는 마음을 가진 사람
둘째, 연민하는 마음을 가진 사람
셋째, 남을 기쁘게 하는 마음을 가진 사람
넷째, 남을 보호하고 감싸는 마음을 가진 사람
다섯째, 집착하지 않고 마음을 비운 사람
여섯째, 부질없는 생각을 하지 않는 사람
일곱째, 바라는 것이 없는 사람
여덟째, 영혼의 순결을 지키려는 사람

나

어느 쪽이 진정한 나일까
모르겠다. 정말 모르겠다
머리 따로 마음 따로
생각 따로 행동 따로
느끼는 대로 어느 쪽이
진짜 나일까
모르겠다
시간이 나를 끌고 가는지
내가 시간을 끌고 가는지
내가 누구인지
정말 모르겠다
지금까지 내가 어떻게 살아왔는지
내 의지로 한 것이 무엇인지
그것들이 정말 내 의지로 한 것인지
그것도 모르겠다

* 삶의 노트

나는 저 높은 하늘에 빛나는 별,
세상을 내려다보며
때로는 세상을 비웃으며 스스로 불태우며 흩어지는
하나의 별.
이미 지은 죄에 새로운 죄를 지어
절망에 괴로워하는 바다와 같은 나.
나는 견딜 수 없는
꿈에 병이 든 사람.

내 존재의 좌표

내 안에는 두 개의 존재가 있다
두 마리의 보이지 않는 짐승은
호랑이와 용인지 분간할 수는 없지만
항상 나를 괴롭게 한다
선과 악이 무엇인지 구별을 해야 할 때
항상 이 두 마리의 주장은
나를 어렵게 한다
사도 바울이 고백한 심정을 느껴 보라는 뜻인지
심리학자들은 내 속에 깊은 속에 들어있는
무의식의 나를 의식의 세계로 끌어 올리려고
애쓰는 것 같은데, 사실은
자기들도 모르는 보이지 않는 세계의 의미를
어떻게 찾으려는지.

* 삶의 노트

나를 기쁘게 하여 준 것은 사랑과 비슷한 그 무엇이었다. 하지만 사랑은 아니었다. 많은 사람들이 이야기하고 갖고 싶어 하는 그러한 사랑도 아니었다. 아름답고 황홀한 감정도 아니었다. 그것은 여자에게서부터 오는 것도 아니었고, 내 생각 속을 거쳐 오는 것도 아니었다. 그저 빛의 반짝임이었다고 말한다면, 나를 이해하여 주겠는가?

나는 그냥 정원에 앉아 있었지만, 태양은 보지 않았다. 그러나 하늘의 푸른빛이 엷은 물방울이 되어 금방 흘러내릴 듯 대기가 아늑한 빛으로 반짝였다. 이끼 위에는 물방울 같은 불꽃이 보였을 뿐이다.

그렇다. 길 위에 빛이 흐르고 있었다. 그 빛의 흐름 속에 금빛 거품들이 나뭇가지 끝에 알알이 맺히기 시작했다.

나의 노래

노래가 없는 것이
부르지 못하는 것이
나의 노래다.

부르고 싶은 노래를 위해
나는 침묵으로
노래를 부른다.

그 속에는
빗방울로 내리는 소리가 있고
사막을 걸어서 오는 바람이 있다.

추억이 찾아오면
부르고 싶은 노래
사랑하고 싶은 세월은
나의 금빛 꿈이었다.

* **삶의 노트**

어느 날 오전, 나는 나 자신으로부터 탈출하는 데 성공하였다. 그것은 사회적인 의무와 책임 속에서 완전히 벗어날 수 있는 순간이었다. 일상생활의 모든 잡다한 일과는 잠시 그대로 두어도 좋았다.

왜 나는 이 지루하고도 피곤한 일상의 도구를 삶의 한 방편으로 계속 활용해 가야 할 의무가 있다는 말인가. 하지만, 지금 나는 이 모든 불확실한 것에 대해 용감하게 말했다.

'준비하지 않은 삶에는 꽃을 피울 수 없다.'

이제 몇 시간 동안은 잡다한 생활에서 멀리 떨어져 있어도 좋다.

나는 산 소년

그대는
내 마음의 깊은 산입니다.
그대 숲속의
작은 길을 따라가면
잘 익은 나무 냄새가
바람의 노래가 되어
조용히 실려 옵니다.
그것은 푸른 공기 소리 같은
꽃향기 같은 것이었습니다.
처음 핀 들꽃을 꺾어
최초로 소년은 꿈을 가졌습니다.
그 후부터
세월은 흘러 꿈의 주인이 누구였는지
이제 그 모습은
내 마음속에 산으로 남았습니다.

* 삶의 노트

어느 맑은 아침, 나는 팔베개를 하고 풀밭에 드러누워 있었다. 태양은 머리 위에서 금빛으로 빛났고 시냇물은 이야기라도 나누듯이 도란도란 흘러가고 있었다.

붉은 양귀비들이 섬을 이루고 있는 듯한 주위에 푸른 풍령초와 등꽃 빛깔의 황새냉이도 살며시 돋아 있었다.

그 위를 노랑나비, 가냘픈 부전나비, 아름다운 빛을 반짝이는 오색범나비, 빨간빛이 드문드문 섞인 장군나비도 날아다녔고, 풍뎅이의 연한 푸드덕거림이 아련하게 들리고 있는 초원은 온통 꿈의 바다였다.

그 광경을 보는 순간, 갑자기 나를 압박하며 숨 막힐 듯 가슴을 설레게 하는 기쁨이 짜릿하게 전해 옴을 느낄 수 있었다.

만약 내가 아이였다면 모자를 벗어들고 그 아름다운 나비를 살그머니 덮치려고 했을 것이다. 그러자 인기척에 놀란 나비는 순간 사방을 힐끗 살피더니 사라져 버렸다.

내 젊은 날의 꿈처럼……

내 마음의 말

나는 여린 새벽빛으로
영혼을 씻는 순례자가 되고 싶습니다.
그래서 나는 늘 행복을 사색하는 가난한 자로
재산이란 꿈의 조각일 뿐입니다.
당신이 바로
내 삶의 목적이라는 것을 알 수 있다면
나는 마음의 작은 등불을
사랑의 별로 삼을 것입니다.
떠남은
돌아오기 위해 필요한 것처럼
언제인가
나는 꽃이 되어 다시 태어날 것입니다.

* 삶의 노트

 지상의 현상은 하나의 비유에 불과할 뿐이다. 모든 비유와 영혼을 간직할 준비가 되어 있다면, 그곳을 통해 내부 세계로 들어갈 수 있는 열린 문과 같다. 그 내부로 들어가면, 당신과 내가 낮과 밤이 모두 하나가 된다. 인간은 누구나 여기저기 열려 있는 문에 이른다.

 눈으로 볼 수 있는 모든 현상은 하나의 비유이고, 이 비유 속에 정신과 영원한 생명이 있다는 생각을 갖게 한다. 물론 이 문을 통해서 비밀스러운 것을 현실로 느끼면서, 아름다운 꿈을 묻은 채 뒤돌아보지 않는 사람은 매우 적다.

내 마음속에 그대는

오는지 모르게 왔다가
가는지 모르게 떠나가는
구름

모습은 나타내지 않고
가까이 있음만을 알려주는
바람

새소리조차 고요한 숲속
어디선가 들려오는 낮은
물소리

✻ 삶의 노트

　풍경의 끊임없는 변화는 행복의 모든 형식을, 그것들이 지닐 수 있는 명상과 슬픔의 형태를 알지 못하고 있다는 사실을 보여준다.

　소년 시절, 시골의 낯선 들판을 헤매면 알 수 없는 슬픔에 잠기곤 하던 그때의 낯선 시간 속에서, 갑자기 내 어린 영혼이 어디로인가 떠나가는 아픔을 기억하고 있다.

　이제 성년이 되어 느끼는 슬픔은 낯익은 풍경으로 조금씩 모습을 완성하며 생활 속으로 흡수되고 있었다. 그리하여 나는 완성된 슬픔을 흐뭇하게 바라보며 행복의 빛깔을 볼 수 있었다.

나의 기도

우리 생명의 주인이시고 역사의 주인이신
주님!
입으로 말로만 읊조리면서
실제로는 주님을 잊고 지금까지 살아온 어리석은 몸입니다.
지금까지 아무 생각 없이 주어진 환경에 적응하며
열심히 살았다고 생각했는데
지금의 내가 얼마나 무지하고 초라하고 약하고
미련한 존재인지, 이제야 깨닫게 됩니다.
주님!
이렇게 못나고 약하고 추한 몸을 지금까지
키워주시고 지켜주시고 보호해 주심을
비로소 조금씩 깨닫고 늦었지만
감사의 이유와 의미를 알아 가려고 합니다.
이천여 년 전 인간의 몸으로
이 땅에 오신
주님!
아무런 죄도 없이 말할 수 없는 고통과 조롱과 비난을

한마디 변명 없이 받으신 주님
수많은 지상의 병자를 치료해 주시고 죽은 자에게 새 생명을
그뿐 아니라 인간의 배고픔을 해결해 주셨지만
삶의 마지막을 죄 없는 죄인으로
십자가를 짊어지고 돌아가신
주님!
인간의 상상도 할 수 없는 죄악을 대신하여 고통을
죄인 된 인간의 구원을 위한 사랑을 완성하시고
부활하신
주님!
지금은 천국에서 이 땅을 내려다보시며
마지막 때가 가까웠다고 하셨는데
언제 재림의 음성을 들려주실지요.
세상은 더 어지러워지고 사악해야 하는지요.
주님!
이 연약한 남은 삶이 주 안에서만 가르침의 길을 찾아
살아가기를 원하면서, 예수님 이름으로 기도합니다.
아멘.

* **삶의 노트**

인간의 고통은 숙명적인 것도 필연적인 것도 아니다. 오직 인간의 의식에 좌우될 뿐이다. 인간의 능력으로는 해결할 수 없는 불가항력不可抗力인 것들에 대해서는 운명으로 받아들인다. 하지만 인간의 노력은 처절하다. 우리가 병에 걸리면 약이란 물질을 발명하여 생명에 도전한다. 그러므로 인간이 오늘보다 내일을 위해 건강하고 더 즐거운 생활을 영위할 수 있다는 것. 오늘날 우리를 괴로움으로 갇히게 하는 불행의 책임이 자신에게 있다는 사실을 믿지 못한다는 나약한 변명은 궁극적으로 자신의 삶에 대한 회피다.

삶

심장이 뛴다. 맥박을 헤아려본다.
하나, 둘, 셋⋯⋯
규칙적으로 또박또박 1분에 70회를 넘어간다.
아, 내가 살아있구나. 느껴 본다.
살아있다는 뜻이 무엇일까?
생각할 수 있기에 가능한 것 아닐까?
심장이 뛴다고 살아있는 것은 아니겠지만
어떤 심리학자는 죽음이 삶의 끝이 아니라
삶의 완성이며, 새로운 존재로의 시작이라고 했지만
정말 알고 하는 말인지
그 존재는 어떠한 모습을 하고 있는지 궁금하다.

* 삶의 노트

  나의 삶은 어둡고 바깥에서는 별들이 바쁘게 움직이고, 모든 것이 무서운 불꽃을 날리고 있는데, 당신은 나와 함께 살겠다고 한다. 당신은 숨가쁜 삶 속에서 하나의 중심이 되어 지켜줄 것으로 믿고 있다. 때로는 당신의 사랑이 나를 위한 수호신이 되었다. 또한 당신은 나의 어두운 삶 속에 깊이 숨어 있는 별을 느끼게 해주었다.

삶의 무게

길이 없어도
길을 가는 것처럼
가는 것이 우리의 삶이다.

바람은 목적이 없어도
숲속의 나무를 지우고
섬은 바다를 이웃으로
파도를 위로한다.

아침과 저녁이 교차하는
그 끝에서 우리의 삶은
축축한 처자식을 꽃으로 가꾸는
작업이 한창이다.

중량보다 감량이
더 무거운 삶
소금 한 줌 얻기 위해 일에 갇히며

허덕이는 삶에 눈물을 쏟고
어두운 영혼에 뼈를 묻는다.

* 삶의 노트

  하루의 일을 시작하는 사람은 길거리에서 단 일 분의 시간도 낭비하지 않고 주변의 유쾌한 것들에 대해 새로운 감정으로 얼마든지 보고 느낄 수 있다. 이때 눈에 보이는 모든 사물은 절대 피로하지 않은 다정한 모습으로 다가와 우리를 강렬하게 북돋아 준다. 이렇듯 모든 사물은 개성과 관조적인 면을 지니고 있고, 한편으로는 무관심과 추악한 민도 보여주고 있다. 그러므로 올바른 삶을 살아가기 위해서는 깊은 관심을 두고 꾸준히 관찰해야 한다. 그와 같은 노력이 계속 반복되고 사고력이 집중되면 눈에 보이는 사물로부터 쾌활함과 사랑의 노래를 얻을 수 있다. 이러한 마음가짐을 지닌 사람이라면 꽃 한 송이를 꺾어서 일터 가까운 장소에 꽂아 놓고 삶의 기쁨까지 느낄 수 있을 것이다.

삶의 그림자를 뒤돌아보며

눈을 감고 지난날을 뒤돌아본다.
지난날들을 하나하나 손꼽아본다.
나는 이제야 내가 얼마나 무능하고 무력한 존재인지
이제야 깨닫는다.
내 딴에는 내가 필요한 모든 것을 준비한 후에
내가 하고 싶은 대로
글을 쓰든지, 무얼 하든지 무엇이든 할 수 있다고
생각했지만
이제야 그것이 얼마나 어리석고
착각이었는지
비로소 깨닫는다.

＊삶의 노트

하루하루가 계속되고, 우리의 삶을 위해 또 다른 날들이 이어진다. 수많은 아침과 저녁이 반복된다. 혼수 상태에서 벗어나지 못한 채 새벽이 되기도 전에 일어나야 하는 아침이 있다.

'아! 잿빛 음성, 새벽빛으로 영혼을 씻고 싶다.'

빛

빛은 어둠을 위해서 있는 것이 아니라
밝음을 표백하는 흐름이다.

빛은 부서진 파도의 조각들로
해안에 은빛 집을 짓는다.

빛은 시작과 끝이 없는 지평선
처음이자, 마지막 순례자이다.

빛은 땅을 바라보는 하늘을 바라보는
내 마음의 끝이다.

*삶의 노트

　신을 어떤 사람은 빛이라고 부르고, 어떤 이는 밤. 어떤 이는 아버지. 어떤 이는 어머니라고 부른다. 또 어떤 이는 신을 안락함이라고 칭송하고, 어떤 이는 운동, 또는 불, 차가움, 심판자, 위안자, 창조자, 파괴자, 용서하는 자, 복수하는 자로서 칭송한다.

이 아침에

이 아침에
영혼의 숲을 거닐며
마음속에 피어나는 사랑을
한 송이 꽃으로
당신께 드리고 싶습니다.

오늘은 또
내가 당신을 얼마나 아프게 할까요.
이제는 당신의 아픔이 고뇌로
내 마음속에 사랑으로 살아있다면
새 아침으로 시작하고 싶습니다.

앞뒤가 없는 삶을 살면서
나는 당신에게
어두운 그림자로 속죄하는
나의 가장 편안한 반려자
당신이여!

이 아침에

하얗게 빛으로 떠오르소서.

* 삶의 노트

  내 눈 속에는 슬픈 광적인 사랑이 빛으로 미소 짓고 있다. 순간 나는 생각에 빠져든다. 자애라는 것은 행복의 방사체에 불과하다고. 그리고 나의 마음은 행복하다는 이유만으로 만인을 위하여 나 자신을 바쳐야 한다는 새로운 사명감에 사로잡힌다.

바람이 되어

나는
바람이 되어
구름 몇 개 옆에 끼고
억새 고개를 넘는다.

인적 없는 숲속 길에
낮잠을 앞세우고
짐승 같은 울음을 울어본다.

멀리 더 멀리
새를 날리는
내 마음은 깊어져 가는 산이었다.

＊ 삶의 노트

고독이란 자신에게로 돌아가는 내면의 통로이다. 고독 속에서 우리는 자기의 모습을 발견하고 미래를 예감하는 순간을 갖는다. 그러므로 우리는 고독 속에서 삶의 압박으로부터 해방되어, 현재의 나를 생각해 볼 수 있다.

고독에 대한 습관이 없다면, 우리는 존재의 감각과 성실의 관념을 잃어버리게 된다. 고독이 없으면 우리는 늘 간접적으로만 보고 듣고 행동하게 된다. 그리하여 군중적 인간이 되고, 시장 한복판의 떠돌이 경쟁자가 되고, 타인의 가치에 대한 불평자가 될 뿐이다. 인간이 너무나 조직적으로 행동하게 되면, 사회는 우리를 폐쇄하고 황폐하게 만든다.

바람이 전하는 말

산 너머 계곡에서 달려온 바람은
나무들을 모아 놓고
쉬엄쉬엄 옛이야기를 들려준다.

아득한 옛날
바다와 육지가 시새움 하자
노한 화산이 폭발하여 천지가 뒤바뀌었을 때
물고기들은 산의 나무가 되고
크고 작은 조개들은 예쁜 꽃으로 피어났노라고.

❋ 삶의 노트

생의 후반에 이르자. 나는 이따금 외로운 마음으로 내 어린 시절의 어딘지 쓸쓸한 모습과, 지나온 시간의 빛깔이 여러 가지 영상으로 떠오르는 것을 추억하게 된다.

곱슬곱슬한 머리에 어렴풋한 동화 속 창백한 아이처럼 늘 자유분방하던 여린 표정의 내 모습. 이러한 추억은 언제나 그렇듯이 잠이 오지 않는 밤이면 어김없이 가슴을 파고든다.

처음엔 꽃향기와 함께 먼 푸른 들판의 아련한 소리처럼 시작되지만, 마침내는 슬프고 괴롭고 쓸쓸한 기분에 휩싸여 절망과 고통, 죽음의 냄새를 맡게 해주었다.

때로는 따뜻한 어머니의 손이 전해주는 체온처럼 아스라이 피어오르는 추억에 대한 그리움에 기도하는 자세로 마음을 밝히면, 눈 기슭에는 촉촉한 물기가 젖어 든다.

이렇듯 내 어린 시절의 작은 이야기들이 마음 깊은 곳에 감동의 불을 지피다가, 어느 사이 금빛 액자에 담긴 한 장의 그림처럼 기억 속에 걸려 있는 것이다.

나무의 일상

자연의 한 조각
바람의 깃발로
어느 해안에 머문 파도처럼
시간을 지우는 나무들

바람에
빛이 되어 흔들리는
저 푸른 손짓을
언제부터 나는 거절했을까.

때로는 그리움으로
소중한 부분을 하나씩 떠나보낸다는 것은
견디기 힘든 아픔이지만
이제는 나를 잃어버려야 하는 시간이다.

이곳 어딘가에
바람의 숨결이 머물러 있고

나무의 기다림이 시간을 떨구고 있다
가을과 겨울 사이를 지나면서.

* 삶의 노트

　행복이 우리가 원하는 최상의 것이라면 직접적인 추구의 대상이 될 수 없다. 왜냐하면 대개의 인간은 쾌락만을 찾아서 행동하기 때문이다. 그러나 행복만을 추구한 결과 쾌락이 비애를 만나는 일도 없지 않을 것이다. 물론 다른 목적을 추구함으로써 자연스럽게 행복을 발견할 수 있다. 행복 이외의 다른 대상을 탐구하고 또 발견하였다 하더라도 자신에게 행복이 어떤 모습인가를 볼 수 없는 안타까움이 있다.

　만일 행복이 당신을 기다리고 있다면, 당신은 행복 이상의 또 다른 대상을 반드시 갈망하게 된다. 우리 인간은 행복을 가지기 위해 노력하고, 또 그것을 얻기 위해 고통을 참고 인내하지만, 오히려 우리는 행복을 잊음으로써 행복을 얻을 수 있다는 현명한 대답을 찾을 수 있다. 사실 그것은 이중적인 역설이다.

가을 표정

산은
낙엽이 쌓인 가을의 창고
바람이
곳곳에 흐르는 가을의 강 되어
모든 것을 상실하고 있다
낙하하는 중이다.

지금쯤 가을은 기억의 배를 띄우며
마른 모닥불로 별을 불사른다.
어둠이 등불을 들고
갈색 숲을 향하고 있다.

* 삶의 노트

외로운 날이면, 나는 작은 방랑자가 되어 새벽의 여린 별빛이 사라지면서 서서히 안개가 피어오르는 먼 계곡을 찾아 높은 산마루를 오른다.

가파른 암벽은 냉정하고 견고하며 뚜렷하게 모습을 드러낸다. 그러나 저편 훨씬 더 먼 곳에는 행복에 찬 푸른 산의 모습이 빛나면서, 나를 기다리는 듯 누워 있다. 더한층 숭고하게 꿈꾸듯이 말이다.

그 후에도 그곳에서 많은 시간을 보내며, 자주 그 푸른 먼 곳이 나를 유혹하듯 손짓하는 것을 보았다. 나는 그 신비로운 힘을 거역할 수가 없었다. 왜냐하면 그 속에서 고향을 느꼈고, 산마루에 오르면 언제나 타향 사람이 되어 갈 수 없는 고향이라도 있는 듯한, 애잔한 그리움의 슬픔을 맛보았기 때문이다. 마침내 나는 그것을 행복이라고 부르게 되었다.

휴식을 기다리는 가을

낙엽을 태운다.
타들어 가는 모습이 해안선이다.
아련히 피어오르는 마른 냄새는
계절의 집을 마련하고 있다.
지금은 고운 햇살이
체온을 조금씩 잃으면서
귀로에 늦은 시간
가사가 없는 노래를 바람으로 부르려고
빛을 잃은 꿈을 줍는 사람이 있었음을 기억한다.
그는 공기 속을 떠다니는 돌개바람으로
계절을 배달한다.
가을은 바쁜 손을 닮아
깊은 휴식을 기다리고 있다.

✱ **삶의 노트**

보라! 하늘에 줄무늬를 그리고 있는 구름의 찬란한 경치를, 생명을, 사랑을. 구름을 처음 보면 가장 어두운 쪽이 깊은 곳이라고 잘못 알기 쉬우나 이 어둡고 부드러운 느낌이 드는 곳은 구름의 겉모습에 지나지 않고 우주의 진짜 깊이는 구름의 산맥 언저리나 가장자리에서 시작하여 점점 내면으로 성숙해 가고 있음을 알 수 있다. 이렇듯 구름은 자연의 한 표현이며, 우리 인간은 그저 그 자연의 그림자에 불과할 뿐이다.

단풍

어느새 여름이 가고 가을이 오는 모양이다.
모두 단풍 구경을 간다고 야단이다.
단풍은 설악산이야.
아니야,
단풍은 내장산이야.
아니야,
속리산이야.
아니야, 북한산이야.
아니야.
그런데, 나는 창밖 아파트 마당
한 곁에서 서 있는 단풍이 더 좋다.
복잡하지도 않고 시끄럽지도 않고
관심을 가지고 봐주는 사람도 없지만
혼자 조용히 수줍은 듯 물들어있는 빛깔의 단풍이 좋고
아름답게 보인다.

✱ 삶의 노트

　인간은 바람에 흩날려 솟구쳐 올랐다가 비틀거리며 땅으로 떨어지는 나뭇잎의 운명과 같다. 그러나 어둠 속에 빛나는 별과 같은 인간도 있다. 그들은 이미 정해져 있는 확고한 삶의 궤도를 걸으며, 어떠한 강풍도 그들에게는 영향을 미치지 못한다. 왜냐하면 그들 자신은 확고한 삶의 법칙과 궤도를 가지고 있기 때문이다.

눈 내리는 아침에

눈이 내린다. 아침부터 그치지 않고 계속 내린다.
산에도 지붕에도 마당에도 뜰안에도
내 마음에도 눈이 쌓인다.
온 세상이 하얗게 변했는데
온갖 보기 싫은 것들도 다 덮었으면 좋겠는데
내가 원하는 대로는 안 되나 보다.
보기 싫은 얼굴들 듣기 싫은 소리들
모두 눈이 덮어주면
얼마나 좋을까.

* 삶의 노트

늘 새로운 세상의 골짜기로부터 삶의 충동이 뭉게뭉게 구름처럼 피어오른다. 황량한 궁핍, 도취한 만족, 쾌락의 경련, 끝없는 욕정, 살인자의 손, 사채업자의 손, 기도하는 자의 손, 불안과 열락으로 무리 짓는 인간들은 열띤 냄새를 풍기며, 자기 자신을 삼키고 다시 토해 내고, 전쟁이나 우아한 예술을 잉태하고, 늘 새롭게 일어서는 물결 속에서 헛된 꿈으로 밤하늘의 별빛에 속으면서 반짝이는 얼음 같은 세상에서 살고 있다.

눈이 내린다

눈이 밤새 내렸는지
창밖에 소복하게 쌓여서
보이는 세상이 은빛인데도
그치지도 않고 계속 내린다.
가끔 집 앞을 지나가는 마을버스가
정답게 느껴지는 것은
반가운 손님이라도
태우고 오기를 기다리는 것도 아닌데
라디오에서 들리는
사무엘 바버의 현을 위한 아다지오의 음률이
애잔하고 안타까운 피날레를 향해
달려가는 모습이
안타깝게 느껴지는 것은
인생이 그런 것이라고 알려주는 것일까.

❋ 삶의 노트

 우리가 삶을 통하여 가장 많은 호기심을 갖는 것은 죽음에 대한 해답이다. 죽음은 생존의 마지막이며, 가장 위대한 삶의 체험이다. 왜냐하면 모든 인식과 체험 속에서, 우리가 생명의 마지막 순간을 던지는 찰나적인 행위는 인생의 가장 크나큰 의미이기 때문이다. 그러므로 죽음의 고통도 하나의 인생 과정으로서 출생의 고통 못지않다고 할 수 있겠다. 때때로 우리는 이 두 가지를 혼동하며 삶을 영위하고 있다. 이렇듯 죽음은 우리의 삶보다 깊고 섬세하다.

사라지는 것

도시의 비명
하루의 생활이 두부모처럼 잘려 나가고
허공을 걸어 다니는
인형들의 삶

내 깊은 심장을 돌아
숨이 멈추지 않는 바람은
현재를 잃은
미래의 벽을 파도처럼
넘는 중이다.

밤낮 없이 생활을 갈아엎는
우리의 이웃들은
축축한 처자식을
세상 밖으로 밀어내고 있다.

* 삶의 노트

 오! 화려한 빛깔의 베일과 같은 밤이여! 충만한 밤의 정적 속에 묻혀 하루하루 삶의 남루한 옷을 벗어 던지고 열병을 앓고 있는 어린아이가 신음하듯 반복되는 질문과 힐난을 나 자신에게 퍼부었습니다.

 나 스스로 기만하고 삶의 법칙을 무시한 채 번민하는 고통의 밤이여! 우리는 자기 자신을 스스로 배반하면서 삶의 쇠사슬에 얽매여 불면의 밤을 보내고 있습니다. 단 하루만이라도 일상에서 벗어나 자신과 이웃을 배반하는 고통에서 해방되어 빛나는 어린아이의 천진스러운 눈망울로 영혼을 들여다볼 수 있는 순수한 인간이 존재할 수 있다고 믿으십니까?

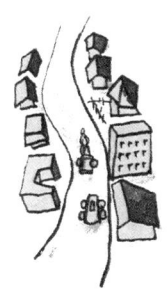

네모 상자

하나의 네모난 상자가 있네요.
그 상자에는 연륜이 100년이라고 쓰여있네요.
그 상자 안에는
세상의 모든 아름다운 꽃, 과일, 채소와
온갖 벌레, 야생 동물들이 보이네요.
앗! 그런데 그 속에 인간들도 있군요.
네모 상자 안에 여러 종류의 짐승들이
각각 자기의 상자 안에서 활개를 치고
네모난 수족관 안에서는 온갖 물고기들이 헤엄을 치고 있군요.
그들은 자신이 속한 통의 크기나 바깥세상을 모르면서도
전연 불편 없이 활동하고 있고, 언제 수명이
다할지도 모르지만, 행복해 보이네요.
앗! 그런데 인간도 100년 아니 길어야 120년이라는
그 상자 속에 살고 있으면서 그 너머 세상에는
관심도 없이 그 속에서 아옹다옹 열심히 살아가네요.

* 삶의 노트

청춘이 빛나는 날, 나는 많은 것들을 즐기고 낭비하였다.
여린 가슴에 상처와 슬픔만을 지녔다고, 오늘 탄식해야 하는가.
다시 청춘이 돌아와 지난날의 아름다운 모습을 하고 있다면,
나는 만족할 것인가?

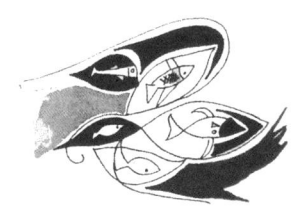

새 둥지

언제 집을 지었는지
알지도 못하는 사이에
마당에 있는 무궁화나무 가지들 사이에
새 둥지가 비밀처럼 달려있다.
그것도 하나가 아니고 두 개를 지었다.
둥지 안을 들여다보니 텅 비어 있는 것이
이사를 간 모양이다.
다음에 오더라도 쫓지는 아니 할 테니
또 오려무나
만나지 못한 작은 참새야
내가 보고 싶으니까
다음에 꼭 찾아오려무나.

* 삶의 노트

 이따금 지나온 내 삶의 길을 따라 추억 속으로 되돌아가 보면, 잃어버린 나날에 대한 후회 때문에 한 가닥 따뜻한 눈물이 눈 기슭을 촉촉이 적신다. 그리고 이제는 내 어린 시절의 일들을 이야기해 줄 누구도 남아 있지 않다는 사실에 전율한다.

 내 어린 시절의 대부분은 그리움에 대한 찬탄과 그 누구도 비밀을 밝힐 수 없는 불가사의한 행복감 속에 굳게 갇힌 채 빛나고 있다. 그것은 나약한 인간의 불완전하고 궁핍한 모순투성이의 인생이기 때문에, 우리들의 어린 시절을 낯설게 하고 손바닥에서 굴러떨어진 보물처럼 허전하게 만든다.

아파트

아파트는 참 이상한 곳이다
바로 옆집에 누가 사는지
무얼 하는 사람인지
알지도 못하지만, 관심도 없다.
바로 아래층과 위층은 이웃이 아니라
서로 원수라도 된 듯이
자신들의 생활에만 바쁘다.

대문도 없고 담장도 없이
이웃들과 어울려 살던 시절이 그립다.

* 삶의 노트

이 세상 곳곳에 수많은 도시가 있다. 어떻게 그 도시들이 세워지게 되었는지, 그 내력을 알기란 힘들다.

오오! 먼 서양, 이국적인 도시들. 밤이면 작은 등불처럼 변덕스러운 여인들이 몽상에 잠기는 흰 테라스와 낮고 평평한 지붕의 도시들. 환락과 사랑의 향연, 언덕에서 내려다보면 어둠 속에 인광처럼 빛나는 광장의 붉고 푸른 불빛의 물결. 거리 카페에는 짙은 화장을 한 여자들이 서성거리고 지나치게 날카로운 음악이 그녀들을 춤추게 한다. 불타는 향연, 그 가운데서, 나는 사막을 걷는 듯한 메마른 외로움을 느낀다.

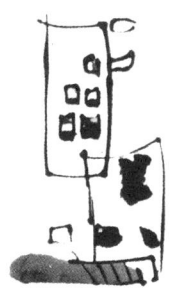

손톱

벌써 손톱이 이렇게 자랐네.
깎은 지 며칠 안 된 것 같은데
어느 틈에 보란 듯이 자랐다.
어느 틈에 탄탄하던 근육들도
부드러워지면서 점점 없어지고
한해가 넘어갈 때마다
키도 체중 따라 줄어들고
뇌세포도 조금씩
늙어서 퇴화한다는데
그래서 치매가 온다는데
그러고는 떠날 날이 가까워졌음을
알려준다는데
손톱은 눈치 없이 쉬지 않고
계속 자란다.
손톱은 나에게 할 이야기가 있는 걸까.
아직 내가 살아있다는 증거일까.
매일, 매일이 주님 은혜의 시간이다.

* **삶의 노트**

예수 그리스도 그는 누구보다도 깊은 공감 능력이 있다.
그는 모든 고통과 괴로움을 나누어 가진다.
그의 곁에서 십자가를 대신 짊어져 주고 싶을 정도로
그는 고독하다. 그는 정말 슬퍼 보인다.
온 인류의 불행을 혼자서 짊어지고 있다.
그래서 그는 웃을 수가 없다.
그는 너무 착하다. 너무나 선량하다.
사랑 때문에 불행한 그는 거의 인간적이 아닐 만큼 선량하다.
아직도 그는 십자가를 짊어지고 있다.

상념

눈을 감고 나를 뒤돌아본다
지나간 날 많은 모습의 조각들이 흘러간다
하나도 선택할 것이 보이지 않는다.
여름 햇빛처럼 살아온 날들인데 선택할 것이 하나도 없다.
기억의 날들은 버리고 먼 옛날로 가 본다.
100년, 아니 1000년, 아니 2000여 년 전
예수님이 태어나신 그 시절까지 돌아가 본다.
어린 예수님의 모습을 본다
자라난 예수님의 모습을 본다
십자가를 진 주님의 모습을 본다.
내 생각과 삶의 범주에 상관없이
초침 분침 시침은 내 마음을 떠나 흐른다.
그러다 보면 하루가 가고, 한 달이 가고, 한 해가 이별한다
해가 바뀔 때마다, 새해 희망을 품어 보지만
마음속에 떠오르는 삶은 내용이 없는 허상일 뿐이고
나는 또 하루하루를 낭비하고 있을 뿐이다.

* 삶의 노트

　세월은 흐르고 꿈은 낡아 흩어지고, 최초로 소년의 슬픔을 잉태했던 옛길을 조용히 걸어가면, 지난날이 아름다운 전설처럼 신기롭고 커다랗게 마음속으로 되살아 온다. 그러나 지금은 나를 기다리는 그 어떤 것에도 그와 같은 깨끗한 빛은 없을 것이다. 최초 꿈의 주인이 누구였는지, 나는 늘 괴로워했다.

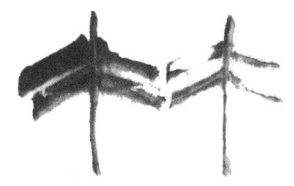

심장의 고마움

심장이 뛴다. 맥의 숨결을 느껴 본다.
지금까지 심장의 고마움에
한순간이라도 감사해 본 적이 없다.
몸의 모든 기관은 의식하건 안 하건
휴식의 시간을 즐기는데
심장은 우리가 의식을 가지고
생각하고 움직이는 순간에도
하루의 일과를 마치고 잠자리에
안식을 위해 누웠을 때도
한순간도 쉴 수가 없다.
아무리 힘들어도
불만 한마디 없이
나의 움직임에 맞추어
희생과 봉사로 활동해 준다.
너무 힘들면 불규칙하게 움직이면서
소리 없는 속삭임을 전해 온다.
몸이 깨달으라고 어지럽게

신호를 주기도 하지만
한순간도 쉬지 못하고 뛰는 심장이
고마울 뿐이다.

* 삶의 노트

  숨을 쉬고 있다는 것은 살아있다는 증거임이 분명하다. 나는 정신을 창조하고 건설하기 위해 일할 뿐이다. 그러나 나는 내가 사용할 재료를 시험해 보지 않고는 그 어떤 것도 구상해 볼 수 없는 불안한 존재다. 학자적 관념, 세계 평화주의 등등을 하나하나 세심하게 확인하지 않고서는, 나의 정신은 그 어떤 것도 받아들이지 않는다. 하지만 나는 애정 속에 숨어 있는 육체의 욕망과 이기주의를 알아보고 싶다. 아니다. 진실만을 사랑하였으므로 작은 등불이 별이라고 인정하지 않더라도, 내 삶의 하늘은 절대 어두워지지 않을 것이다.

이 못난 사람을

이 못난 사람을
무엇 때문에 지금까지
사랑해 주시는지
그 뜻을 나는 몰랐다.
이 나이에 이르러 뒤돌아보니
내가 할 수 있었던 일들이
그렇게 많았다는 사실이
그때는 아무 생각 없이 잊어버렸는데
이제야 산처럼 보인다.
지난 세월의 내 모습인 것을 후회로 깨닫는다.
이것이 인생인가.

*** 삶의 노트**

  나는 우주 속으로 녹아들고 싶은 강렬한 욕망이 있다. 그런데 나는 여전히 하나로 분리된 개체에 불과하며, 항상 불안하고 머물 곳이 없다. 왜 그럴까? 무엇이 나를 붙들고 있는 것일까? 어떻게 하면 합리적인 삶을 살 수 있을까?

대한민국을 위한 기도

반만년 역사를 가진 우리 민족, 오늘의 모습을 본다.
그 옛날 고구려 백제 신라, 그 이전의 모습을 상상해 본다.
그때도 지금처럼 서로 물고 뜯으며
서로 거센 비난만 하면서 살았을까.
삼국이 통일되어 한 이름으로 한 나라가 되었는데도
이유 없이 자기편이 아니라는 사실 때문에
얼마나 많은 충신과 유능한 인재들을 죽음으로 내몰았던가.

그 결과로 우물 안 개구리 같은 정치인들 덕에
중국이라는 나라에 1000여 년
일본이라는 나라에는 36년간이나 시달리다가
세계 정세의 흐름 속에서 타력에 의해 독립을 얻었지만
인민의 민주적인 평화 평등을 내세운 공산집단이라는
미친 도당들에 의해 6.25사변이라는 꿈에도 생각하지 못했던
남침 작전으로
이 나라를 파멸의 지경으로 만들게 되었던 순간
상상하지도 못했던 생소했던 많은 나라들이

이 땅을 위해 피를 흘린 덕에 대한민국은 없어지지 않았는데
비참했던 전쟁의 피해로 인해 온 나라가 폐허가 된 것을 보고
쓰레기에서 장미가 필 수는 없다고 포기하는 이 나라를
불과 70여 년 만에 세계 10위권 굴지의 나라로 일으킨
건국의 아버지, 경제를 일으킨 구국의 애국자들이 있었건만,
오늘날, 이 모두를 누리고 있는 젊은이들에게는 낯선 이야기다.
6.25 남침의 실패를 지금도 잊지 못하는 공산집단들은
거짓되고 위장된 평화공세와 감언이설로 국민을 속이며
지금 이 땅을 공산화하려는 망상의 집단이 이 나라에는
아직도 뻔뻔하게 자리를 잡고 있어서
순진한 국민을 속이고 있다.

답답하고 슬픈 현실을 어찌하여야 하는지
달콤한 거짓에 속아 넘어가는 민중을 탓하기 전에
근원적 원인을 잊지 말아야 할
정치인들은 자기 잇속에만 정신이 팔려서
나라의 운명에는 관심이 없는 것 같다.
한반도라는 위치를 차지하고 있는 작은 이 나라가
시대가 변하면서 엉뚱하게도 공산주의라는 사상에 물든
변종들이 6.25 전쟁의 실패를 다시 만회하려는 듯
아직도 이념이 문제냐고 하면서
국민을 속이고 가짜 평화와 가짜 민주주의를

그럴듯하게 포장해서
역사를 조작하여 어린 학생들을 세뇌하고
이제는 때가 되었다고
날뛰는 악마의 집단에 물든
서글픈 대한민국의 현실
언제나 정신 차리려고 하는가.
하나님만이 이 어리석은 백성을 버리지 않고
지켜주시겠지
기도할 뿐이다.

* 삶의 노트

  인간의 역사는 과거에 대한 집착 때문에 내일의 기쁨을 오늘의 기쁨에 양보하지 않으면 안 된다. 새로운 시대의 물결이 싣고 오는 경이적인 아름다움은 앞에서 달려가는 물결이 비켜주기 때문에 있을 수 있고, 꽃은 결실을 위해 시들 의무가 있고, 열매는 떨어져 죽어야 비로소 새로운 개화를 준비할 수 있다. 봄은 겨울이 사라짐으로써 소생한다는 순환의 혹독한 섭리를 알려고조차 하지 않는 인간의 운명은 슬픈 사건이다.

은혜

하루하루가 주님의 뜻입니다.
매일, 매일이 주님의 은혜입니다.
나의 삶은 내가 계획하고 준비해서
이어가는 것이, 내 삶인 줄 알았는데
지금 생각해 보니 지금까지
내가 살아온 삶은 내 뜻이 아니었습니다.
내 생각은 전부 실수와 후회와 미완성의 시간
뿐이었는데, 이 모든 잘못과 실수를
용서하시고 주님께서 인도해 주신 줄
이제야 깨닫고 감사함을 느낍니다.
내 삶의 모든 것이 주님 은혜임을
감사할 뿐입니다.

＊ 삶의 노트

　세상에는 크고 작은 길이 많다. 그러나 도착지는 모두 같다. 말을 타고 갈 수도 있고, 차로 갈 수도 있고, 둘 아니면 셋이 함께 갈 수도 있다. 그러나 마지막 한 걸음은 혼자서 가야 한다. 그러므로 이 세상에서 아무리 어려운 일이라도 혼자서 하는 것보다 더 나은 지혜나 능력은 없다.

종소리

뎅그렁 뎅그렁
종소리가 그립다.
당장이라도 무너질 것 같은 나무로 만든 기울어진
시골교회 종탑에
무심히 걸려있는 무쇠로 만든 종
모양은 볼품없지만, 정이 가는 그 종에서
뎅그렁 뎅그렁
울리던 소리가 그립다
쓰러질 듯 기울어진 나무 종탑에 매달려서
뎅그렁 뎅그렁
울리는 그 정다운 종소리
잊은 줄 알았는데, 어느 날 불현듯
내 마음속에서도 울린다.
정교하고 음정을 정확하게 울려주는
교회의 차임벨 소리보다도
나는 무심한 무쇠 종소리가
더 그립다.

비록 멜로디가 없이 그냥
뎅그렁 뎅그렁
울리기만 하는데도
나를 전설 속에 잠기게 한다.
생명도 없고 감정도 없고 생각도 없이
최첨단의 기계화된 문명의 혜택으로
정확한 음정으로 차디찬
멜로디를 울려주는 차임벨보다는
투박하고 불안해 보이지만
따뜻하게 울려주는
무쇠 종소리가 더 그립다.
뎅그렁 뎅그렁

＊ 삶의 노트

나를 버린 그리운 사람에게 긴 편지를 썼다. 달빛이 종이 위로 흐른다.
 글 속의 강물 같은 것이 고요한 달빛에 젖어 잠도, 꿈도, 밤 기도도 모두 잇는다.

새벽 단상

아직 미명인데
잠이 오지 않는다.
새벽 4시
침낭을 머리 위까지 뒤집어쓰고 있어도
잠은 오지 않는다.
일어나서 샤워를 한다.
오랜만에 커피를 한 잔 마신다.
너무 고요한 새벽
빛으로 내 가난한 영혼을 씻고 싶다.

주님! 삶이 무엇인가요?
주님은 누구십니까?
무엇 때문에 2000여 년 전에
육신의 몸으로 이 땅에 오셔서
죄없이 고난과 멸시를 당하시고
십자가의 형을 당하시고
죽임을 당하시고

부활하셔서 왜 하늘로 올라가셨나요?

생명이 무엇인가요?
사랑이 무엇인가요?
사랑 하나 때문에
주님께서는 고통을 감수하셨나요?
지옥보다 더한
인간은 사랑이 불가능한 존재인가?
우리에게 주어진 삶의 시간은 너무 짧은데
왜 이렇게 인간은 복잡한가요?
이 미련하고 못난 인간
주님께서 용서해 주시고
깨우쳐 주셔서 후회 없이 살게 해주세요.

모순덩어리인 내 자신이
누구인지 알게 하시고
보이지 않는 것이
보일 때까지
확신을 주세요.
예수님 이름으로 기도합니다.
아멘.

* 삶의 노트

저녁 무렵, 저 멀리 아련하고도 넓고 푸른 들판을 바라보며 냉랭하고 견고한 현실을 잊어버리는 것, 이것이 바로 행복의 느낌이다. 물론 이 충만한 감정은 내가 어린 시절에 생각했던 것과는 다른 조용하고 더 쓸쓸한 것이어서 성숙한 아름다움을 느낄 수 있었지만, 심한 갈증과 같은 기쁨은 맛볼 수 없었다. 이렇듯 나만이 간직할 수 있는 조용한 은둔의 행복에서 다음과 같은 지혜를 배웠다. 인생이란 긴 여정을 걸어가면서 삶의 간격이라는 거리를 둔다는 것, 그리고 이 세상의 모든 것에게 차갑고 잔혹한 고통의 빛을 비추지 않는다는 것이다. 그러므로 이 모든 것들을 일상생활 속에 얇은 금박을 씌운 소중한 물건을 만지듯이 조심스럽게, 그리고 겸허한 마음으로 접촉해야 한다는 깨달음을 얻었다.

구름 위에서

구름 위에서 보는 세상은
왜 그렇게 깨끗하고 순결해 보일까

구름 위에서 보는 세상은
왜 그렇게 탐스럽고 부드러워 보일까

구름 위에서 보는 세상은
왜 그렇게 고요하고 아늑해 보일까

구름 위에서 보는 세상은
왜 그렇게 따뜻하고 푹신해 보일까

구름 위에서 보는 세상은
왜 그렇게 사랑스러워 보일까

- 르완다 하늘을 날면서 -

| 부록 |

버클레이 기도문

나를 낫게 해주소서

내게 구하라, 내가 너를 구원하리라.

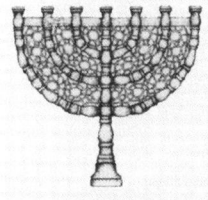

  이 작은 책에 실린 기도문은 병으로 괴로워하는 이들, 병원에 입원한 이들, 늘 병약한 이들, 집에서 병간호에 힘쓰는 이들을 비롯하여 여러 가지 건강 문제로 고통당하는 이들을 위한 기도문이다.

  내가 바라는 게 있다면, 이 작은 책의 기도문이 우리의 영혼과 육체에 고통을 겪고 있는 사람들에게 평안과 위로를 가져다 주기를 기원한다.

-윌리엄 버클레이 서문에서-

외과의사의 간절한 기도

주님!
주님께서 고통받는 이들의 생명을
제 손에 맡겨 주셨습니다.
저에게 주님께서 맡겨 주신 책임을
제대로 감당할 수 있도록 도와주옵소서.
저에게 변함없는 지혜를 허락하셔서
어떠한 치료가 필요한가를
바로 알게 하옵시고
현명하게 판단하여 용기를 갖고
수술을 책임 있게 수행하도록 도와주옵소서.
무엇보다도 환자들이 저에게 찾아올 때
그들은 너무나 긴장해 있고
두려움에 싸여 있음을 기억하게 하옵소서.

주님!
저에게 사랑의 마음이 넘치게 하셔서
환자들을 치료하는 동시에
위로해 줄 수 있게 하옵소서.
또한 제가 그들을 치료하는 일이
주님께서 하셨던 일을 하는 것이며
저를 통하여
그 일을 다시 하신다는 사실을 기억하게 하옵소서.
주님의 이름으로 기도드립니다.
아멘.

너는 마음을 다하여 여호와를 신뢰하고 네 명철을 의지하지 말라 너는 범사에 그를 인정하라 그리하면 네 길을 인도하시리라 스스로 지혜롭게 여기지 말지어다 여호와를 경외하며 악을 떠날지어다(잠언 3:5-7)

의학도의 기도

전능하신 하나님!
제가 의사의 자격으로 그 임무와 책임을
제대로 감당할 수 있는 준비와 마음가짐을
열심히 수행해 갈 수 있도록 도와주옵소서.
그리고 진지하게 의학 수업을 할 수 있도록
제가 환자들을 단지
병에 걸린 사람으로만 보게 하지 마옵시고
그들의 마음에 고통받는 사람으로만
보게 하지 마옵시고
그들을 진정한 인격체로 대하게 하옵소서
제가 수술을 하기에 필요한 능력뿐만 아니라
아무도 가르쳐 주지 않는
사랑의 마음을 갖도록 도와주소서.

무엇보다도 환자들은 의사를 방문하는 것을
두려워한다는 사실을 기억하게 하옵소서.
제가 주님의 뜻을 이어서 환자들을 치료한다는 사실과
위대한 의사이신 주님께서 저를 내세워서
고통받는 이들의 병을 고친다는 놀라운 사실을
항상 기억하게 하옵소서.
예수 그리스도의 이름으로 간절히 기도드립니다.
아멘

너의 행사를 여호와께 맡기라 그리하면 네가 경영하는 것이 이루어지리라(잠언 16:3)

간호사의 기도

오, 하나님!
미약한 제가 주님의 뜻에 따라
훌륭한 간호사가 될 수 있도록 도와주옵소서.
저의 임무에 필요한 지식을 열정으로
부지런히 배울 수 있도록 도와주옵소서.
가끔은 저를 짜증스럽게 하고 귀찮게 하는
환자들을 인내하며 대할 수 있게 도와주소서.
또한 아픔으로 하여 불순종하고 비협조적인
환자들을 굳건한 마음으로 대할 수 있도록 도와주옵소서
너무나 신경질적이고 두려움에 가득 차 있는
환자들을 사랑으로 대할 수 있도록
도와주옵소서.

제가 그들에게 친절을 베풀어야 할 때
친절을 베풀게 하옵시고
제가 간호사의 책임감으로 엄격해야 할 때
엄격할 수 있도록 도와주옵소서.
무엇보다도 제가 환자를 돌보고 치료하는 일은
병든 이들을 사랑의 은혜로 고쳐주셨던
주님의 일이라는 것을
항상 기억하게 해주옵소서.
예수 그리스도의 이름으로 기도드립니다.
아멘

네 손이 선을 베풀 힘이 있거든 마땅히 받을 자에게 베풀기를 아끼지 말며 네게 있거든 이웃에게 이르기를 갔다가 다시 오라 내일 주겠노라 하지 말며(잠언 3:27-28)
너는 네 떡을 던져라 여러 날 후에 도로 찾으리라 일곱에게나 여덟에게 나눠줄지어다 무슨 재앙이 땅에 임할는지 네가 알지 못함이니라(전 11:1-2)

병원에 가기 전의 기도

전능하신 하나님!
저에게 아무 문제도 없는 듯
지금 저의 아픔과 고통을 말씀드리지 않는 첫 거짓을
더 이상 받아들일 수 없습니다.
무언가 제 몸에 이상이 있다는 사실을
더 이상 숨길 수 없습니다.
오늘 제가 병원에 갈 때 동행하시어
저의 문제가 무엇인지 밝혀질 때
불안 속에 두려워하지 않도록 용기를 주시옵소서.
진찰 결과가 어떻든 간에
주님의 보살핌 속에서 그것을 극복할 수 있는
인내와 믿음을 주시옵소서

'네가 물 가운데로 지날 때 내가 할 것이라'는
주님의 약속을 기억하게 하옵소서
오늘 하루의 일은 주님의 손길에 있사오니
제가 어찌 의심하며 두려워하겠나이까?
결코 제가 필요 없는 눈물을 흘리지 않도록 하실 것을
간절히 믿사옵니다.
저는 오직 주님의 품 안에 있는 나약한 자에 불과합니다.
주님의 이름으로 기도드립니다.
아멘.

사람이 감당할 시험밖에는 너희가 당한 것이 없나니 오직 하나님은 미쁘사 너희가 감당하지 못할 시험당함을 허락하지 아니하시고 시험당할 즈음에 또한 피할 길을 내사 너희로 능히 감당하게 하시느니라 (고전 10:13)

치료를 받기 위한 기도

주인이신 하나님!
제가 입원해야 함을 알았사오니
근심하지 않도록 도와주옵소서.
근심과 걱정은 병을 더 악화시킬 뿐이며
회복과 치유가 늦어진다는 사실을
깨닫게 하는 힘을 주옵소서.
제가 온전히 집에 있을 때처럼
지금 이곳 병원의 병상 생활에서도
하나님께서 제 가까이 계시다는 것을 가르쳐 주옵소서.
마음의 평안 없이 육체가 건강할 수 없음을 잘 알도록
마음의 평안을 주옵소서.
'어떠한 형편에든지, 내가 자족하기를 배웠노라'하는
사도 바울의 가르침을 따르게 하옵소서.
주님의 이름으로 감사드립니다.
아멘.

입원 후에 드리는 기도

오, 하나님!
모든 것이 이상하다 못해 두렵기까지 하옵니다.
잠시 후에 무슨 일이 있을지는
저도 알 수 없습니다.
평안과 고요한 마음가짐으로
편히 병원 생활을 할 수 있도록
저에게 명랑한 기분을 주시고
지금 이곳 병실에서 치료를 받는
이들의 좋은 이웃이 될 수 있도록 도와주소서.
불만과 불편으로 괴로워하지 않게 살펴주시고
작은 일로 소란을 피우거나
좋지 않은 행동을 보이지 않게 가르쳐 주시고
저를 위해 마련된 모든 것에 대해
감사하는 마음을 갖게 하여 주옵소서.

저를 보살피고 돌보는 자들의 수고를 덜어주시고
저보다 더 고통받는 이웃을 위로하고 돕는 가운데
저의 고통을 잊게 하옵소서.
'하나님은 우리의 피난처이며 힘이니
환난 중에 만날 큰 도움이시라.'고 노래한 시편 말씀처럼
저도 하나님을 믿고 의지하게 하옵소서.
주님이시여!
제 손을 붙잡아 주시옵소서!
슬픔과 기쁨, 희망과 두려움 가운데서도
저와 함께 계심을 느끼게 하옵소서.
주님의 이름으로 감사드립니다.
아멘.

내가 고통 중에 여호와께 부르짖었더니 여호와께서 응답하시고 나를 넓은 곳에 세우셨도다 여호와는 내 편이시라 내가 두려워하지 아니하리니 사람이 내게 어찌할까(시편 118:5-6)

수술받기 전에 드리는 기도

구원의 하나님!
제가 감사해야 할 것들이 너무나 많다는 것을
이 순간에도 기억할 수 있도록 도우소서.
내과 의사의 진찰과
외과의사의 의술과
마취사의 기술과
간호사의 친절에 감사하옵니다.
또한 마취로 고통 없이 수술을 받게 해서
주님께서 의사에게 주신 구원의 의술과
헌신하는 간호사들
주님을 믿고 신뢰하는 가운데
평안과 휴식을 누리게 하옵소서.

주님, 감사하옵니다.
무엇보다도 그 무슨 일이 닥치더라도
저는 우리 주 예수 그리스도 안에 있는 한
사랑에서 끊을 것은
아무것도 없다는 것을 믿게 하옵소서.
'아버지여, 내 영혼을 은혜의 손에 부탁하나이다'라는
주님의 기도를 저도 드릴 수 있게 하옵소서.
저의 모든 근심을 내몰아 주옵소서.
주님의 이름으로 감사드립니다.
아멘.

대저 사람의 길은 여호와의 눈앞에 있나니 그가 그 사람의 모든 길을 평탄하게 하시느니라(잠언 5:21)

수술을 받은 후에 드리는 기도

자비로우신 하나님!
환자의 치유를 위한 수술은
외과의사, 마취사, 간호사들에게 일상적인 일이옵니다.
하지만 저와 같은 환자들에게는
죽음을 맞이하는 두려움이 순간순간 느껴지옵니다.
이제 저의 수술은 다 끝났으며
제가 살아 있다는 것이 기쁘기 그지없습니다.
주님께서도 잘 아실 줄 아옵기에 말씀드리오니
오늘 받은 수술은 건강을 찾기 위한 첫걸음에 불과하옵니다.
저를 회복시키기 위해 애쓰는 이들을 방해하지 않고
불평하지 않는 감사하는 환자가 되도록 살펴주시옵소서.
'하나님은 긍휼하며 풍성하시고 의로우시다. 우리 주님은
자비하시도다. 하나님은 온유한 자를 구원하시도다.
내가 낮아졌을 때, 그가 도움을 베푸셨다.'
주님의 이름으로 감사드리옵니다.
아멘.

병이 위독한 이를 위한 기도

자비로우신 하나님!
이 병이 저를 따라다니며 괴롭힐 것이라고
굳이 저에게 말할 필요가 없나이다.
저에게 무슨 일이 닥치더라도
각오하고 준비해야 한다는 것을 잘 알고 있습니다.
무엇보다 환자인 저를 위해 담당 의사님들이나
간호사들이 최선을 다해줄 것임을 잘 아옵니다.
이 고통의 어려움을 헤치고 새 삶을 살고자 하는
의지를 저에게 베풀어 주시고
저의 연약함을 극복하는 인내와
고통을 인내하는 용기와
저 자신을 위한 최상의 것을
무엇이든 간에 받아들이는 순종하는 마음을
저에게 허락하소서.
비록 제가 회복될 수 없다 하더라도
저를 당신 사랑의 손길에서
벗어날 수 없다는 것을 확신케 하옵소서.

지금의 저는 근심할 단계를 넘어섰다고 생각하지만
저를 사랑하는 분들이 저로 하여 걱정함을
생각하지 않을 수 없습니다.
주님이시여!
그들이 이제부터라도 염려하지 않고
모든 것을 당신께 맡기도록
축복하시고 도우시기를 간곡히 비옵니다.
저 역시도 모든 근심을 버리고
오로지 당신께 의탁하기 때문입니다.
'주께서 심지가 견고한 자를 편안함으로 지키시리니
이는 그가 주를 의지함이다.'는 선지자의 말씀을
제가 기억하게 하소서.
주 예수님!
당신을 의지하오니, 절대 실족하지 않게 하소서
주님을 의지하옵니다.
주님의 이름으로 기도드립니다.
아멘.

회복되어 가는 이의 기도

전능하신 하나님!
오랜 회복의 시간을 보내면서
제가 이 정도에 이른 것을 깊이 감사드립니다.
두 발로 땅을 딛고 설 수 있는 것이 감사하옵고
다시 제힘으로 작은 일이라 할 수 있다는 것이 행복하고
주님의 보살핌으로 건강이 좋아져서 즐거움을 느낄 수 있는
이것이 무엇보다 감사하옵니다.
자비로우신 주님!
제가 당신의 은혜 속에서 건강을 되찾는 데 도움을 준
모든 분에게 감사하게 하시고
이 어려움을 이길 수 있도록 하신 주님께
깊이 감사합니다.

또한 저에게 계속 인내심을 주옵소서
너무 많은 일을 서둘러 하지 않게 도와주시고
제가 해야 할 일을 계속하도록 도와주시옵소서.
또한 무엇이 저에게 최선의 것인지를 아는 자들에게
순종하도록 저를 도와주시옵고
곧 제가 다시 세상에 나가 제 일을 감당하게 하옵소서.
'내가 여호와를 기다리고 기다렸더니 귀를 기울이시어
나의 부르짖음을 들으셨도다'라고 소리칠 수 있게 하옵소서.
주님의 이름으로 감사드리옵니다.
아멘.

너는 마음을 다하여 여호와를 신뢰하고 네 명철을 의지하지 말라(잠언 3:5)
여호와여 나의 부르짖음이 주의 앞에 이르게 하시고 주의 말씀대로 나를 깨닫게 하소서(시편 119:169)

하루를 끝내면서 드리는 기도

자비의 하나님!
오늘 저를 위해 이루어진 모든 것에 대해
감사하나이다.
제 몸을 보살펴 주시고
제 식사를 보살펴 준 분들에 대해
주님께 감사하나이다.
제게 필요한 치료 방법이 무엇인지를 생각해 낸 분들과
치료를 베풀어 준 분들에 대해
당신께 감사합니다.
저를 위해 걱정해 주고
저에게 보살핌의 손길을 베풀어 준 분들에 대해
당신께 감사하나이다.
오늘 제가 거친 행동을 저질렀거나 품위를 잃은 언행으로
비협조적인 자세를 보인 적이 있다면
저를 용서하옵소서,
다른 이들의 일을 무겁게 만들었거나
저의 회복을 더디게 만드는 행동을 했다면

저를 용서하소서.
이 병실에서 우리가 쌓은 우정에 대해 감사하나이다.
이제 편안히 잠들게 하시고
내일 아침 상쾌한 기분으로 일어날 수 있도록
도우시고 축복해 주시옵소서.
주님의 이름으로 기도드립니다. 아멘.

내가 산을 향하여 눈을 들리라 나의 도움이 어디서 올까 나의 도움은 천지를 지으신 여호와에게로다 여호와께서 너를 실족하지 아니하게 하시며 너를 지키시는 이가 졸지 아니하시리로다 이스라엘을 지키시는 이는 졸지도 아니하시고 주무시지도 아니 하시리로다 여호와는 너를 지키시는 이시라 여호와께서 네 오른편에서 네 그늘이 되시나니 낮의 해가 너를 상하지 아니하며 밤의 달도 너를 해치지 아니하리로다 여호와께서 너를 지켜 모든 환난을 면하게 하시며 또 네 영혼을 지키시리로다 여호와께서 너의 출입을 지금부터 영원까지 지키시리로다(시 121:1-8)

잠을 못 이룰 때의 기도

오, 하나님!
마음에 근심이 가득하고 몸이 편치 않을 때는
잠이 쉬 오지 않으며, 잠을 자려고 애쓸수록
더 잠을 잘 수 없는 고통을 당하게 되나이다.
저를 돌보기 위해
또 저와 같은 사람들을 돌보기 위해
밤을 지새우고 있는 분들을 위해 감사를 드립니다.
잠을 못 이룰 때 읽을 주님의 말씀에 관한
책이 있다는 것에 대해
감사하옵니다.
거룩하신 하나님!
제 생각이 끊임없이 번민에 맴도는 것을 막아주시고
제 몸이 늘 굳어지고 긴장하는 것을 막아주옵소서.

만일 제가 생각하지 않을 수 없다면
당신의 사랑에 대해
줄곧 저와 함께 계시는 예수님에 대해
생각하게 하옵소서.
그리하여 비록 잠은 이룰 수 없어도
마음만은 편안하게 하옵소서.
밤을 지새우며
잠자리에서 당신을 생각할 때
당신이 함께 오시면 어둠도 빛이 되오며
저의 침대 주위에는
당신께서 지켜주시는 편안의 날개가 펼쳐져 있나이다.
주님의 이름으로 감사기도 드립니다.
아멘.

나 곧 내 영혼은 여호와를 기다리며 나는 주의 말씀을 바라는 도다 파수꾼이 아침을 기다림보다 내 영혼이 주를 더 기다리나니 참으로 파수꾼이 아침을 기다림보다 더하도다(시편 130:5-6)

홀로 남은 이의 기도

하나님!
제가 지금 당하고 있는 삶의 어려움은
모두 저에게 있으며
무엇보다 어려움을 느끼는 것은
제가 가지고 있는 모든 것을 잃어버린 것 같다는
외로움과 허전함입니다.
저에게는 건강과 먹고 살기에 충분한 돈과
할 수 있는 일과 능력이 있습니다.
그러나 저는 혼자이옵고
때때로 저의 공허함을 메꿀 수 없다는 느낌입니다.
주님!
저를 강건하게 제 신념의 뜻을 알게 하소서.
저에게는 건강한 기억뿐만 아니라
희망도 있음을 깨닫게 하시고
보이지 않는 증거의 구름이
저를 감싸고 있음을 알게 하시고
주님께서 늘 저와 함께 있겠다는 약속을 하셨음을

기억하게 하소서.
그리고 주님께서 저를 이 세상에 남겨두신 한
저에게 할 일이 많다는 것을 깨닫게 하시고
그 일을 성취하는 가운데 더 큰 일을 할 수 있는
용기와 위안을 갖게 해주옵소서.
주님의 이름으로 기도드립니다.
아멘.

또 내가 하나님의 모든 행사를 살펴보니 해 아래에서 행해지는 일을 사람이 능히 알아낼 수 없도다 사람이 아무리 애써 알아보려고 할지라도 능히 알지 못하나니 비록 지혜자가 아노라 할지라도 능히 알아내지 못하리로다(전도서 8:17)
형통한 날에는 기뻐하고 곤고한 날에는 되돌아 보아라 이 두 가지를 하나님이 병행하게 하사 사람이 그의 장래 일을 능히 헤아려 알지 못하게 하셨느니라(전도서 7:14)
나를 사랑하는 자들이 나의 사랑을 입으며 나를 간절히 찾는 자가 나를 만날 것이니라(잠언 8:17)

고향의 가족을 위한 기도

오, 하나님!
어려운 가운데 가장 고통스러운 일은
제가 가족과 고향으로부터 떨어져 있다는 것임을
저는 아옵니다.
저의 아내와 가족이
저에 대해 너무 심려하지 않게 하옵시고
제가 집을 비우고 있더라도
집안일에 아무 탈이 없을 것임을
깨닫게 도와주시옵고
집을 비우는 일이 오래 가지 않을 것임을
깨닫게 도와주옵소서.
제가 집에 없는 이때
저의 집을 돌보며, 도움을 주는
친절한 이웃들
가까운 가족 같은 친구들.
좋은 친척들이 곁에 있게 해주심에
감사하옵니다.

그러나 제가 가족들에 대해 염려하면 할수록
저의 회복은 늦어질 것이며
그들에게 돌아갈 날이 멀어질 것임을
제가 기억하게 하옵소서.
비록 지금 그들과 떨어져 있지만
당신께서는 변함없이 그들과 저에게
함께 하신다는 것을 확신하는 가운데
저에게 필요한 만큼 충분히 쉬도록 도와주옵소서.
제 가족에게 위험이 닥칠 일이 있으면
모든 어려움으로부터 그들을 지켜주시고
당신의 전능하심은 절대 쇠하지 않음을
저들에게 가르치소서.
우리는 사랑하는 자들과 함께 있을 수 없으나
저희를 아버지께 의탁하나이다.
그럼으로써 당신의 사랑 가운데서
저의 외로움을 잊게 도와주옵소서.
주님의 이름으로 감사드립니다. 아멘.

퇴원 후의 일을 걱정하는 이의 기도

자비의 하나님!
이렇게 병실에 누워 있으니
저 자신에 대해서보다는
다른 사람들에 대한 걱정이 저를 더 괴롭힙니다.
수입이 현저히 줄었기 때문에
제 가족에게 어떤 일이 일어날지
생각하지 않을 수 없습니다.
이 병상에서 일어나더라도
과거의 일을 다시 할 수 없게 될 경우
제가 어떻게 해야 할지
걱정하지 않을 수 없습니다.
제가 세상에 나가
전혀 일을 할 수 없게 될 경우
제 부양가족은 어떻게 해야 할지
생각하지 않을 수 없습니다.
물론 어려움에 대해서 생각하지 않고
근심 걱정을 하지 않는 것이

좋은 일인 줄은 아옵니다.
그러나 가족에 대해 염려하지 않는다면
어찌 인간의 도리라고 할 수 있겠습니까?
저의 이런 심정을 주께서 잘 아시라고
저는 굳게 믿나이다.
저의 염려로 사태를 더 악화시키고 기회조차 망칠 뿐임을
또한 기억하도록 도와주옵기를 바랍니다.
그러므로 하루하루를 편안히 생활하게 하시고
알 수 없는 앞날의 일을 당신께 맡기도록 허락해 주옵소서.
미래는 훌륭한 일이거나, 아니면 두려운 일일 것임을
지금 저는 깨닫고 있으니
생명과 죽음은 모두 당신의 자비에 달려있음에
비로소 안심하옵니다.
'그러므로 내일 일을 위하여 염려하지 말라. 내일 일은 내일
염려할 것이요, 한 날의 괴로움은 그날에 족하니라'는 예수님의
말씀을 기억하게 하소서.
주님의 이름으로 기도드립니다. 아멘.

늙음을 위한 기도

삶을 주관하시는 하나님!
늙어가는 것이 어떤 것인지
이제야 저는 깨달았습니다.
무슨 일을 하더라도 전보다 더 많은 힘이 드옵니다.
점점 더 쉽게 피로를 느끼고
한 가지 일을 하려 해도 많은 시간을 들여야 합니다.
제 기억력은 그리 좋지 못하고
제 몸도 강건하지 못합니다.
그러나 저는 주님께 감사할 것이 많사옵니다.
무엇이 중요하고
무엇이 중요하지 않은지를 배웠고
걱정할 필요조차 없는 것들이
매우 많다는 것을 깨달았으며
어려움을 쉽게 처리하여
당황하는 일이 없도록 하는 법을 배웠나이다.
누가 저의 진정한 친구인지를 배웠으며
저를 사랑하는 자들과 제가 사랑하는 자들에게

제가 얼마나 많은 빚을 지고 있는가를 배웠나이다.
또한 지난날을 되돌아볼 때
저의 모든 일에서 하나님의 손길을 느낄 수 있었으며
주님이 저를 위해 이루어 주신 모든 일을 기억할 때
앞으로 남은 날 동안에도
편안히 주님을 의지할 수 있나이다.
남은 저의 인생이 지상에서 계속되는 한
저의 운명이 어찌 되는지
주님의 길을 저에게 가르쳐주옵소서
이제 남는 시간은 짧고
저는 감히 그것을 낭비할 수 없습니다.
삶의 면류관을 얻기까지
주님의 온유하고 견고한 길을 저에게 가르쳐 주옵소서
주님의 이름으로 간절히 기도드립니다.
아멘.

삶의 용기를 얻는 기도

힘이 되어주시는 하나님!
저 자신이 삶과의 싸움에서 패배하고 있음을
느끼기 시작하였습니다.
저의 기력은 회복되지 않는 것 같고
너무나 몸은 지쳐 있습니다.
주위 사람들이 저를 위해 최선을 다해주고 있음을
저는 잘 알고 있습니다.
제가 희망을 품고 불안을 이기며
인내를 가지고 지루함을 견딜 수 있도록
저에게 변함없는 용기를 주시옵소서.
빛이든 어둠이든
모두 주님께 맡기옵니다.
오, 주님이시여!
지난날 주님의 강한 팔은 도움과 구원을 베푸셨으며
질병과 사망, 어두움과 무덤을 물리치셨습니다.

생명과 사랑의 주인이 되시며
변함없는 우리의 유일한 구원자이신
주님의 전능한 은혜의 숨결로
우리를 회복하게 하시고 소생케 하시고
나머지 생을 축복해 주시옵소서.
끝까지 용기 있게 견디는 자가 구원을 얻는다는 것을
늘 기억할 수 있도록 도우소서.
주님의 거룩한 이름으로 기도드리옵니다.
아멘.

내가 다시 해 아래에서 보니 빠른 경주자들이라고 선착하는 것이 아니며 용사들이라고 전쟁에 승리하는 것이 아니며 지혜자들이라고 음식물을 얻는 것도 아니며 명철자들이라고 재물을 얻는 것도 아니며 지식인들이라고 은총을 입는 것이 아니니 이는 시기와 기회는 그들 모두에게 임함이니라 분명히 사람은 자기의 시기도 알지 못하나니 물고기들이 재난의 그물에 걸리거 새들이 올무에 걸림 같이 인생들도 재앙의 날이 그들에게 홀연히 임하면 거기에 걸리느니라(전 9:11-12)

나의 신앙을 위한 기도

오, 세상을 주관하시는 하나님!
때때로 저는 저 자신이
주님께서 믿음이 적은 자들이라고 부르셨던
이들 중의 한 사람이라는 느낌을 떨칠 수 없습니다.
늘 잘못된 일이 일어나지는 않을지 두려워하며
그 두려움 없이 미래를 맞이할 신앙이 부족합니다.
때로는 저의 주인이신 주님마저
저를 보살펴 주고 계시는가를 의심하기도 합니다.
이와 같은 불신의 병이 찾아들 때
저뿐만 아니라, 다른 많은 사람들도
저와 같은 마음이리라고 생각합니다.
이렇듯 저와 같은 많은 사람들이
주님께 기도로 구하고 있습니다.
저 혼자서는 살아갈 수 없으며
인생의 길을 온전히 갈 수 없음을 잘 아옵니다.

저에게 신앙이 없다면 이 순간
주님께 말씀드릴 수조차 없을 것이옵니다.
이토록 연약한 저에게 온전하고 굳은 신념을 주시고
주님만을 의지하는 가운데
'저의 생과 죽음과 내세의 영혼을 주님 손에
의탁 하나이다'라고 말할 수 있게 하여 주소서.
주님밖에는 다른 피난처가 없사오니
저의 연약한 영혼을 주님께 맡기오니
저를 홀로 세상에 남겨두지 마옵소서.
항상 저를 도우시고 위로하여 주시옵기를
간절히 기도하옵니다.
주님의 이름으로 기도드립니다.
아멘.

부활의 생명인 주님께 드리는 기도

거룩한 주님!
제가 지나온 고난의 길을
당신께서는 이미 지내셨다는 것이
저에게는 큰 위안이 되었습니다.
제가 해야 할 하루의 일이 있듯이
주님께서도 하루의 일이 있었나이다.
제가 시험을 받듯이
주님께서도 시험을 받으셨습니다.
제가 마음속으로 고통을 받듯이
주님께서도 겟세마네 동산에서
마음의 고통을 받으셨습니다.
주님의 고통은 저의 고통보다
훨씬 심한 심판이었습니다.
주님은 부활이자, 생명이시니
이로 하여 주님께서 죽으셨다가 다시 사셨으며
언제나 우리 곁에 살아계시며
영원히 죽음을 정복하셨기 때문입니다.

그러므로 저에게 어떤 일이 일어날지라도
당신은 그곳에 계셨으며
당신은 그곳에서 세상 끝까지
세상 끝을 넘어서까지 계실 것을
저는 확신하옵니다.
당신은 길이요, 진리요, 생명이시니
그 길을 알게 하시고
그 진리를 지키게 하시고
그 생명을 얻게 하소서.
주님의 은총으로, 그것들이 주는 기쁨이
영원히 넘쳐날 것이옵니다.
주님의 이름으로 감사기도 드립니다.
아멘.

병실에서 한 해를 보내는 기도

오, 하나님!
이 해가 처음 시작될 무렵에서
이 해가 끝날 때까지
제가 이곳 병실에 있으리라고는
전혀 생각하지 못했습니다.
이처럼 우리는 앞일을
미리 알지 못함을 고백합니다.
이 한 해 동안 저에게 끊임없이 베풀어 주신 은혜에
감사드립니다.
이 한 해 동안 기억될
기쁜 일들을 경험하게 하심을 감사드립니다.
이 한 해 동안 저의 연약함을 깨닫게 하시고
겸손하게 하심을 감사드립니다.
이 한 해를 보내면서
주님을 더욱 깊이 생각하게 하시고
저에게는 주님이 꼭 필요한 분이라는
사실을 알게 하심을 감사드립니다.

이 한 해 동안 친구들과 진실한 우정을 나누게 하시고
사랑하는 이들과 더욱 깊은 사랑을
나누게 하심을 감사드립니다.
그리고 육신의 아픔을 통해서
많은 것을 깨닫게 하심을 감사드립니다.
저는 저를 돌보는 사람들이
얼마나 친절한지를 깨달았습니다.
저는 의사 선생님들의 훌륭한 의술과
간호사들의 헌신적인 봉사를 깨달았습니다.
또한 저는 건강이 얼마나 소중한 주님의 선물인가를
깨닫게 되었습니다.
사랑이 풍성하신 은혜의 주님
이 기도를 들어 주옵소서.
아멘.

집으로 돌아온 후의 기도

은혜로운 하나님!
저는 제 병을 통해 한 가지 사실을 배웠습니다.
즉, 잃었던 것을 다시 찾을 때, 그 소중함을 깨닫기 위해서는
잠시나마 그것을 잃어야 한다는 사실을
이제껏 저는 감사해 본 적이 없었습니다.
그러나 지금 집에 돌아왔다는 것이
늘 보던 낯익은 물건을 보고 만지는 것이
제가 가까이하고 사랑하는 사람들과 함께 있다는 것이
이토록 아름다운 일인지,
주님의 은총에 감사드리옵니다.

저에게 감사하는 마음과 지혜로운 정신을 주옵시고
온전히 회복될 때까지
꾸준히 회복에 힘쓰도록 하게 하옵소서.
'하나님께서 고독한 자로 가족 안에 처하게 하시니'하는
시편의 말씀처럼 저 역시 기뻐하나이다.
오! 주님이시여!
저희 가정이 성령이 거하시는 곳이 되도록 도와주시고
저의 손과 마음의 경건함이
주님의 은혜를 전하는 종이 되게 하소서.
주님의 이름으로 감사드립니다. 아멘.

하나님의 뜻대로 하는 근심은 후회할 것이 없는 구원에 이르게 하는 회개를 이루는 것이요 세상 근심은 사망을 이루는 것이니라(고린도후서 7:10)

새해를 맞는 기도

전능하신 하나님!
이 새로운 한 해를 맞이하게 하심을
감사드립니다.
병상에 누워 있으면서
저는 많은 것을 생각하는 기회를 가졌습니다.
지금 이 순간,
제가 얼마나 많은 소중한 시간을
낭비했는가를 깨달았습니다.
지금 이 순간,
제가 얼마나 주님의 은혜에
보답하지 못했었는가를 깨달았습니다.
또한 제가 주님의 은혜를 받은 것을
너무나 당연하게 여겼다는 것을 깨달았습니다.
지금 이 순간
지난날의 저의 삶이 너무나 보잘것없었다는 것을
비로소 깨달았습니다.
지금, 이 순간

저는 아직도 깨달아야 할 것이
너무나 많이 있다는 사실을 알고 있사옵니다.
오늘 새해를 맞이하여
주님으로부터 받은 은혜의 선물들을
더 값있게 사용할 것을 결심해 봅니다.
주님!
제가 그 선물들을
이곳에서, 그리고 집으로 돌아가
다시 일터에 나갈 때
더욱더 보람 있게 사용할 수 있도록 허락해 주시옵소서.
주님의 이름으로 기도드립니다.
아멘.

범사에 기한이 있고 천하만사가 다 때가 있나니 날 때가 있으며 죽을 때가 있으며 심을 때가 있고 심은 것을 뽑을 때가 있으며 죽일 때가 있고 치료할 때가 있으며 헐 때가 있고 세울 때가 있으며 울 때가 있고 웃을 때가 있으며 슬퍼할 때가 있고 춤출 때가 있으며 돌을 던져버릴 때가 있고 돌을 거둘 때가 있으며 안을 때가 있고 안는 일을 멀리 할 때가 있으며 찾을 때가 있고 잃을 때가 있으며 지킬 때가 있고 버릴 때가 있으며 찢을 때가 있고 꿰맬 때가 있으며 잠잠할 때가 있고 말할 때가 있으며 사랑할 때가 있고 미워할 때가 있으며 전쟁할 때가 있고 평화할 때가 있느니라(전도서 3:1-8)

부활절의 기도

은혜로운 하나님!
부활절을 맞이해서
제 마음이 매우 기쁩니다.
어릴 때 부른 찬송의 구절이 기억됩니다.
'예수 그리스도는 부활하셨도다.'
이 찬송이 의미하는 모든 것을
다시 깨닫게 하옵소서.
그리고 제가 혼자 있지 않다는
사실을 알게 하시옵소서.
저는 육신의 아픔으로 고통받고 있사옵니다.
그러나 주님은 저를 도우시기 위해
이곳에 함께 계시옵니다.
제 마음에는 두려움이 숨어 있습니다.

하지만 주님은 저와 함께 계시며
두려움을 이기게 하셨습니다.
제가 살아있는 동안은
아무도 저를 주님과 갈라놓을 수 없습니다.
하지만 제가 병실에서 마지막 숨을 거둔다 해도
죽음을 이기신 주님이
저와 함께 계실 것을 아옵니다.
오, 하나님
오늘 제가 병실에서 맞이하는 부활의 의미를
보다 깊고 넓게 깨닫게 하옵소서.
부활하신 주님의 이름으로 기도드립니다.
아멘.

나는 부활이요 생명이니 나를 믿는 자는 죽어도 살겠고 무릇 살아서 나를 믿는 자는 영원히 죽지 아니하리라(요 11:25-26)

크리스마스이브 기도

오, 하나님
오늘 밤 저의 집에서는 크리스마스를 위해서
모든 것을 준비하였을 것입니다.
어린아이들을 위해서는
꽃무늬 양말 속에 선물을 넣어
아이들 방이나 머리맡에 놓았겠지요.
또한 크리스마스 저녁 파티를
준비하고 있겠지요.
그러나 병실에서의 저는 집에서
크리스마스를 축하할 수 없는 몸입니다.
제가 가족들과 함께 크리스마스를
축하하지 못하는 것이 매우 안타깝습니다.
주님이시여!
제가 이 일로 하여
마음이 흔들리거나 낙심하지 말게 하옵소서.
제가 낙심한다면
모든 일이 더욱 고통받는 일로 되겠지요.

저의 안타까움을 거두어 주시옵고
주님의 은총으로 명랑한 마음을 갖게 하옵소서.
또한 저 이외에도
이 병실에서 크리스마스를 외롭게
맞이하는 이들이 많다는 사실을
함께 기억하게 하옵소서.
또한 이 병실에 있는 모든 환자들이
주님과 함께하는 크리스마스를
진정으로 축하하게 하옵소서.
예수 그리스도의 이름으로 축복의 기도 드립니다.
아멘.

───

하나님이 세상을 이처럼 사랑하사 독생자를 주셨으니 이는 그를 믿는 자마다 멸망하지 않고 영생을 얻게 하려 하심이라(요한복음 3:16)
내가 하늘에서 내려온 것은 내 뜻을 행하려 함이 아니요 나를 보내신 이의 뜻을 행하려 함이니라(요한복음 6:38)

건강한 이의 기도

은혜의 하나님!

너무나 일상적인 것들이라, 우리가 하나님의 선물로 깨닫지 못하는 것에 대해 감사할 수 있게 도우소서. 우리가 모든 것을 잃어버린 후에야 비로소 그 소중함을 깨닫게 되는 것에 대해 감사하는 마음을 갖게 도우소서. 무엇보다도 제 일을 할 수 있도록 건강과 체력, 굳건한 마음, 눈, 정신, 두뇌의 온전함을 주신 것에 대해 주님께 감사하게 하옵소서. 병든 자들을 동정할 수 있게 하시고 강건하지 못한 자들에게 짜증을 내거나 비웃음을 보이거나 화를 내지 않게 하옵소서. 저의 강건함을 저보다 약한 자들에게 주게 하시고, 제가 건강하다고 해서 저보다 약한 자들을 잊어버릴 수 없다는 것을 늘 기억하게 하옵소서. 제 건강과 함께 친구들과 부모를 하나님께서는 제 가까이에 주셨나이다. 하늘에서 내려온 축복 외에는, 저는 이 세상에서 그 아무것도 가지고 있지 않나이다. 적든 많든, 제가 가진 것에 저는 만족하나이다. 감사하옵니다.

주님의 이름으로 기도드립니다.

아멘.

감사하는 마음으로
이 책을 끝내면서

바람이 내 영혼을 위로하기 위해 불어옵니다.
나는 늦은 밤까지 촛불처럼 그 소리를 듣고 있습니다.
그 안에서 나는 내 삶의 슬픈 노래와 기쁜 노래를
나만의 음성으로 써보았습니다.
하지만, 어느 것 하나도 당신의 은혜로운 모습을
그리지 못하였습니다.
마치 하늘의 별을 잡으려고 언어의
그물을 던지는 것과 같았습니다.
맨손바닥으로 호수의 물을 모두 담으려는 욕망에
푸른 빛을 잃었습니다.
하지만 조그마한 달이 은빛으로 내 삶을 어루만져 주었습니다.

그 달빛으로 엮은 것이 내 인생의 선물이 되었습니다.

바로 이 작은 책이라는 이름의 벗입니다.

나는 이 벗을 사랑하는 가족들에게 주님의 이름으로 감사의 마음을 전하고, 가까운 지우知友들에게도 보답하겠습니다.

바람이 내 영혼을 위로하기 위해 불어옵니다.

나는 한 번 더 먼 삶의 여행을 떠나고 싶습니다.

그곳에는 또 다른 새로운 기쁨이 기다리고 있을 것입니다.

나는 그것을 의심하지 않습니다.

주님이 늘 함께하고 계시기 때문입니다.

제 삶을 주관하시는 주님! 감사하옵니다.

아멘.

행복이란
꿈속의 위안과 같은
비밀로 이루어져 있다

나는 한 그루 나무가 되어
푸른 바람의 노래를
부를 것이다

내 삶은
편지 한 장 보낼 곳 없는
외로운 주소와 같다

내 삶은
시간의 강을 따라 흐르는
짧고 긴 여정이다